남자의 소명

The Masculine Mandate
: *God's Calling to Men*
by Richard D. Phillips

Copyright © 2010 by Reformation Trust Publishing, a division of Ligonier Ministries, under the title The Masculine Mandate: God's Calling to Men..
Translated by the permission of Ligonier Ministries through arrangement of rMaeng2, Seoul, Republic of Korea.
All rights reserved.
This Korean Edition Copyright © 2013 by Jipyung Publishing Company, Seoul, Republic of Korea.

이 한국어판의 저작권은 알맹2 에이전시를 통하여 Ligonier Ministries와 독점 계약 한 도서출판 지평서원에 있습니다. 신 저작권법에 의하여 한국 내에서 보호받는 저작물이므로 무단 전재와 무단 복제를 금합니다.

남자의 소명

리처드 필립스 지음 | 조계광 옮김

지평서원

차례

- 추천의 글 _제리 브리지스 · 6
- 지은이 머리말 _리처드 필립스 · 10

Part. 1 남자의 소명 이해하기

Chapter. 1 동산에 있는 남자 · 17

Chapter. 2 남자로서의 소명 · 31

Chapter. 3 신성한 소명으로서의 일 · 43

Chapter. 4 하나님의 형상으로 창조된 인간 · 65

Chapter. 5 목자이자 주인으로서의 소명 · 87

Part. 2 소명을 이루는 삶

Chapter. 6 결혼에 대한 하나님의 놀라운 계획 · 105

Chapter. 7 결혼에 관한 저주와 구원 · 123

Chapter. 8 결혼과 남자로서의 소명 · 143

Chapter. 9 자녀를 제자화하라 · 165

Chapter. 10 자녀를 징계하라 · 187

Chapter. 11 남자의 우정 · 211

Chapter. 12 교회와 남자의 소명 · 227

Chapter. 13 주님의 종으로서의 소명 · 249

| 추천의 글 |

남자로서 참된 소명을 발견하라

제리 브리지스(Jerry Bridges)

"남자다운 남자"라는 말을 들으면 어떤 사람이 떠오르는가? 사냥과 낚시 같은 야외 활동에 능한 남자인가? 자기 집을 손수 지을 줄 아는 남자인가? 아니면 영화 속의 존 웨인(John Wayne) 같이 거친 남자인가? 야외 활동을 잘하는 사람도 좋고, 자기 집을 손수 지을 줄 아는 남자도 좋다. 또 적정선만 지킨다면, 영화 속의 존 웨인 같은 남자도 괜찮다. 그러나 그런 남성상이 전부일까? 사실 사람들이 생각하는 전형적인 남성상은 성경이 가르치는 진정한 남성상과는 다르다.

성경은 창세기 1장에서부터 참된 남성상을 가르친다. 창세기 1장은 남자가 하나님의 형상으로 창조되었다고 밝힌다. 그리고 창세기 2장은 하나님께서 에덴동산을 만들고, 그곳에 남자를 두어 경작하고 지키게 하셨다고 전한다(창 2:8,15 참고).

하나님께서 일하는 것을 남자의 첫째 역할로 삼으셨다니 흥미롭지 않은가? 사실 일의 가치와 필요성은 성경이 가르치는 근본 원리 가운데 하나이다. 성경은 곳곳에서 일의 중요성을 강조한다. 예를 들어, 전도서에서는 이렇게 말한다.

"사람이 하나님께서 그에게 주신 바 그 일평생에 먹고 마시며 해 아래에서 하는 모든 수고 중에서 낙을 보는 것이 선하고 아름다움을 내가 보았나니 그것이 그의 몫이로다"(전 5:18).

신약성경에서도 마찬가지이다. 바울은 "무슨 일을 하든지 마음을 다하여 주께 하듯 하고 사람에게 하듯 하지 말라"(골 3:23)라고 권고했고, "누구든지 일하기 싫어하거든 먹지도 말게 하라"(살후 3:10)라고 경고했다. 우리는 장차 새 땅에서도 일하게 될 것이다.

성경이 '일'을 강조하는 것은 매우 고무적이다. 우리 중에 우리가 생각하는 전형적인 남성상에 꼭 들어맞는 사람은 거의 없다. 그러나 "일하라"라고 하신 하나님의 명령은 누구든 감당할 수 있다. 우리는 얼마든지 하나님께서 원하시는 진정한 남자가 될 수 있다.

그러나 남자의 역할은 일하는 데만 국한되지 않는다. 하나님은 아담을 에덴동산에 두어 그곳을 경작하게 하셨을 뿐만 아니라 '돕는 배필'인 하와를 허락하셨다(창 2:18,21-23 참고). 즉, 남자는 일도 하고, 결혼도 해야 한다. 물론 하나님의 뜻에 따라 예외가 있을 수도 있다. 그러나 남자가 아내를 맞이하여 '생육하고 번성하여 땅에 충만한'(창 1:28 참고) 것이 하나님의 일반적인 뜻이다. 이처럼 겸손히 일하는 남자, 곧 직업 활동에 충실하고, 목자처럼 아내를 잘 보살피며, 주님의 훈계와 교훈으로 자녀들을 양육하는 남자가 하나님께서 원하시는 진정한 남자이다. 남자는 사냥과 낚시를 잘할 수도 있고, 손수 집을 지을 수도 있고, 영화 속의 존 웨인 같은 영웅이 될 수도 있다. 그러나 그런 능력과 기질은 부차적인 것이다. 남자의 근본적인 역할은 근면한 일꾼이자 충실하고도 자상한 남편과 아버지가 되는 것이다.

리처드 필립스(Richard D. Phillips)는 이 훌륭한 책에서 이런 여러 가지 주제들을 철저하게 성경의 가르침을 근거로 다룬다. 그가 다루는 내용은 모두 성경에 확고히 뿌리를 두고 있다. 이 책에서 그는 하나님께서 원하시는 남성상을 정확하게 묘사한다. 이 책을 읽는 사람들은, 세상이 생각하는 "남자다운 남자"의 속성을 단 한 가지도 갖추지 못했더라도 얼마든지 하나님께서 원하시는 남자가 될 수 있다는 확신을 얻게 될 것이다.

이 책은 그저 심심풀이로 읽을 만한 책이 아니다. 이 책은 매우 가치가 있다. 이 책을 주의 깊게 읽고 그 가르침을 삶에 적용한다면, 많은 유익을 얻을 것이다. 독자들 가운데는 자신이 저자가 설명하는 성경의 원리를 이미 실천하고 있다는 것을 알고 용기백배하여 더욱 열심을 낼 사람들도 있을 것이고, 자신의 태도와 행위가 성경이 가르치는 남성상에 미치지 못한다는 것을 깨닫고 변화를 시도할 사람들도 있을 것이다.

아무쪼록 많은 남성들이 이 책을 통해 도움을 얻어, 장차 "잘하였도다 착하고 충성된 종아, 네가 적은 일에 충성하였으매 내가 많은 것을 네게 맡기리니 네 주인의 즐거움에 참여할지어다"(마 25:23)라는 복된 칭찬을 듣는 은혜를 누리게 되기를 기도한다.

2009년 6월,
콜로라도 스프링스에서.

| 지은이 머리말 |

성경적인 남성성을 회복하라

리처드 필립스(Richard D. Phillips)

귀한 것을 너무나 쉽게 잃을 수 있다는 것이 참으로 놀랍기만 하다. 사람들은 순수한 마음이나 순전한 성품, 또는 좋은 평판과 같이 귀한 것들을 쉽게 잃는다. 교회도 마찬가지이다. 요즘에는 그런 일이 더욱 흔히 일어나는 듯하다. 우리가 잃기 쉬운 귀한 것들 가운데 하나가 성경에서 가르치는 강하고 확신에 찬 기독교적 남성성(男性性)이다. 그런데 최근 들어 남성에게 있는 '여성적 측면'에 관심을 가져야 한다고 주장하는 목소리가 높아지고 있다. 이런 어리석은 문화적 경향 때문에 경건한 신자이자 자상한 남편, 좋은 아버지이자 충실한 친구가 된다는 것이 무슨 의미인지를 알지 못하는 남자들이 많아졌다. 그래서 나는 성경이 가르치는 귀한 가르침을 잊지 않고 하나님께서 허락하신 참된 남성성에 충실하고자 하는 남성 기독교인들을 위해 이 책을 쓰게 되었다.

  우리는 경건한 신자가 되어야 한다. 성경은 우리가 충실히 따라야 할 남자의 소명을 제시한다. 그렇다면 성경이 제시하는 남자의 소명은 무엇일까? 이 책을 통해 남자들이 성경에 제시된 하나님의 명령을 이해하고 실천하게 되기를 바란다.

  다시 말하지만, 오늘날 참된 남성성이 사라진 주된 원인으로는 세상의 문화적 현상을 꼽을 수 있다. 많은 젊은이들이 아버지가 없거나 자녀들과 올바른 관계를 형성하지 못한 아버지 밑에서 성장하고 있다. 이런 현상은 남성성에 관한 혼란을 일으키기 마련이다. 또한 대중매체가 엉터리 여성성과 남성성을 부추기는 이미지나 본보기를 제시하여 사람들을 혼란스럽게 만든다. 그러는 동안, 복음주의 교회 안에서도 강하고 경건한 남성성이 여성화된 영성에 밀려 갈수록 쇠퇴하고 있다. 포스트모던(Postmodern) 시대에 접어들어 서구 사회는 물질적으로 풍요로워졌다. 따라서 남자들이 더는 생존을 위해 극렬히 투쟁해야 할 필요가 없어졌다(과거에는 그런 과정을 거쳐 소년이 남자로 성장하곤 했다). 그러나 우리의 가정과 교회에는 강하고 남자다운 기독교인 남성이 과거보다 더 절실히 필요해졌다.

  그렇다면 어떻게 해야 잃어버린 남성성을 다시 찾을 수 있을까? 항상 그렇듯이, 우리는 성경에서부터 출발해야 한다. 성경은 단지 남자가 아니라 하나님의 사람으로 거듭날 수 있는 길을 강력하게 제시하고 확실하게 보여 준다.

이 책의 목적은 성경이 가르치는 남성성을 있는 그대로 명확하고도 확실하게 제시하는 것이다. 물론 요즘 남자들을 무시하려는 의도로 이 책을 저술한 것은 아니다. 나는 그렇게 할 정도로 나이가 많거나 고리타분하지 않다. 그동안 나 자신도 개인으로서나 목회자로서 성경이 가르치는 남성성을 배워야 했다. 그래서 나는 성경을 믿는 신자이자 그리스도 안에서 한 형제로서 이 책을 저술했다. 여기에는 제법 오랫동안 걸어온 나의 신앙 여정이 고스란히 담겨 있다.

내가 원하고, 또 우리의 가족들이 원하는 기독교적인 남성은 과연 어떤 사람일까? 하나님께서 나를 창조하고 그리스도 안에서 구원하실 때 내가 어떤 남자가 되기를 바라셨을까? 나는 많은 깨달음과 뉘우침의 길을 걸어왔다. 그 과정에서 내가 남성다운 모습이라고 생각해 왔던 것이 그렇지 않은 것으로 드러났다. 나는 하나님께서 나에게 명령하신 것을 실천하는 과정을 거쳐야 했다. 그러나 그 덕분에 소명을 더욱 분명히 의식하게 되었고, 더욱 확실히 깨닫게 되었다. 참으로 큰 복이 아닐 수 없다.

성경이 가르치는 남성성을 다룬 이 책을 통해 많은 남자들과 교회들이 유익을 얻기를 기도한다. 하나님께서 요구하시는 남성의 소명이야말로 타락한 세상에서 그분의 영광을 위해 많은 열매를 맺을 수 있는 확실한 길이다. 이 문제와 관련해 하나님의 진리를 구하지 않는다면, 교회는 참으로 귀하고 보배로운 것을 잃게 될 것이다. 그렇게 되면, 사내아이들과 회심한 남자들에게 성경이 제시하는 경건한 남성성을 가르칠 수도 없고, 교회의 힘과 건강을 유지하는 데 필요한 지도력, 곧 하나님께서 정하신 남성적인 지도력을 제공할 수도 없을 것이다.

나의 말씀 사역을 헌신적으로 지지하는 사우스캐롤라이나 그린빌의 제2장로교회 교인들과 성경공부반 사람들에게 깊이 감사한다. 그토록 열정적인 기독교인 가족들에게 성경을 가르칠 수 있다는 것은 참으로 큰 기쁨이다. 이 책을 펴내는 동안 도움을 준 '레포메이션 트러스트(Reformation Trust)' 출판사와 '리고니어 미니스트리즈(Ligonier Ministries)' 사람들에게도 감사한다. 특히 여러 가지로 도와준 편집장 그렉 베일리(Greg Bailey)와 케빈 미스(Kevin Meath)에게 감사한다. 또한 충실하고 사랑스런 아내 샤론에게 감사한다. 아내는 경건한 여성의 본을 보여 주었고, 다섯 아이들과 더불어 아낌없는 사랑으로 나를 후원했다. 우리 아이들은 부모가 주님을 잘 섬길 수 있도록 많은 희생을 즐거이 감당하고 있다.

모든 영광을 하나님께 돌린다.

Understanding Our Mandate

Chapter 1
동산에 있는 남자

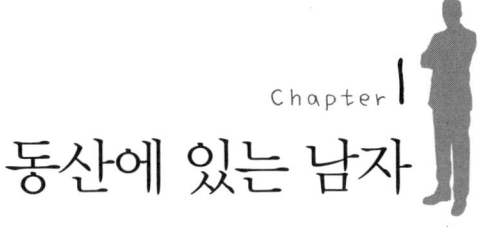

이 책을 시작하면서 이발소에 갔다가 읽었던 스포츠 잡지에 실린 기사를 언급하는 것도 그리 나쁘지 않을 듯하다. 그 기사는 최신 스포츠로 떠오르고 있는 오토바이 경기에 관한 내용을 다루고 있었다. 오토바이를 타고서 건물을 뛰어넘거나 오토바이 핸들만 붙잡고 지상에서 약 15m 정도 높이의 공중에서 재주를 넘는 스포츠였다. 이 스포츠의 선두 주자인 브라이언 디건(Brian Deegan)이 최근에 기독교인이 되었다고 했다.

디건은 1997년에 '메탈뮬리사 프리스타일 모토크로스(Metal Mulisha Freestyle Motocross)' 팀을 조직했다. 지난 8년 간, 디건과 그의 친구들은 수많은 경주와 점프 경기에서 승리하는 동안 신체 상해와 파괴, 폭력의 대명사가 되었다. 그들의 삶은 문신, 나치의 상징, 오토바이, 술, 마약,

섹스, 격투 등으로 점철되었다.

  그런 디건의 삶이 획기적으로 변하는 데 기여한 세 가지 사건이 있다. 첫째는 그의 여자 친구가 임신을 하여 아이를 낳겠다고 주장한 것이고, 둘째는 '2006년 엑스 게임'(X-Games, 극한 상황을 체험하면서 즐기는 모험 스포츠)에서 빠른 속도로 뒤로 공중돌기를 시도하다가 목숨을 잃을 뻔할 정도로 심각한 부상을 입고 수개월 동안 재활 치료를 받은 것이며, 셋째는 여자 친구와 함께 교회에 나가기로 결정한 것이었다. 그는 자신이 기독교를 싫어하지 않는다는 데 스스로 놀랐고, 얼마 지나지 않아 예수님 안에서 구원 신앙을 발견했다. 그는 여자 친구와 결혼했고, 술과 마약을 끊었다. 뿐만 아니라 그는 '메탈뮬리사' 팀원들을 초청해 함께 성경공부를 했다. 그들 가운데 많은 사람들이 한 사람씩 예수님을 믿고 거듭났다. 한 친구는 당시의 일을 회상하면서 이렇게 말했다. "그는 성경이 자신의 삶을 크게 변화시켰다고 자주 말했습니다. 나는 그의 말에 귀를 기울이지 않을 수가 없었습니다." 한때 입이 더러운 폭도요 분노의 화신이었던 디건이 지금은 스포츠 전문 기자들 앞에서 무릎 위에 성경책을 펴 놓고, 기독교인 아버지로서 딸에게 모범을 보이는 것이 소원이라고 말하고 있었다.[1]

  나는 그 기사를 읽은 뒤부터 이따금 디건의 근황에 관심을 기울인다. 이 젊은 기독교인을 살펴보면, 그의 경건생활이 아직 여러 가지 면에서

---

[1] 다음 자료에서 인용하였다. Chris Palmer, "Reinventing the Wheel," *ESPN The Magazine* 11.15 (July 28, 2008), 52–58.

미흡할 것이다. 그러나 중요한 것은 그가 그 점을 알고 있다는 것이다. 디건은 한 인터뷰에서 삶이 변화된 이유를 묻는 기자에게 이렇게 대답했다. "나에게는 키워야 할 아이들이 있고, 나는 그 아이들에게 본이 되어야 했습니다……나는 더 성장해야 했고, 남자가 되고 아버지가 되어야 했습니다. 그래서 나는 그렇게 했습니다."[2]

디건은 기독교인으로서 성장하는 동안에도 자신이 아직 완전히 변화되지 않았다는 사실을 더욱 절실히 의식하게 될 것이다. 기독교인 남성은 모두 아직 많은 부분에서 성장해야 한다. 그러나 여기서 한 가지 의문이 떠오른다. 브라이언 디건처럼 진정한 남자가 되는 것이 하나님의 뜻이라는 사실을 깨달은 사람은 과연 그 방법을 어디에서 발견할 수 있을까?

남자와 여자를 향한 하나님의 뜻을 알기 위해서는 에덴동산으로 거슬러 올라가야 한다. 거의 언제나 그렇다. 예수님은 결혼에 관한 질문을 듣고서 창세기 2장 24절 말씀으로 대답하셨다(마 19:4-6 참고). 바울 사도도 남자와 관련된 여자의 역할에 대해 말하면서 그 대답을 창세기 2장에서 찾았다(딤전 2:11-14 참고). 신약성경은 인간의 성(性)과 여자와 남자의 관계에 대한 가르침을 구약성경의 창세기 1,2장에서 찾는다. 창세기 1장은 창조의 역사를 기록하고, 2장은 하나님께서 남자와 여자를 창조하신 목적을 다룬다. 창세기 1,2장에 남성성에 관한 성경

---

[2] 다음을 참고하라. http://etnies.com/blog/2008/12/19/real-deal-deegan/

의 기본적인 가르침이 모두 들어 있다.

성경이 제시하는 남성성

창세기 2장을 이해하지 못하면, 하나님께서 정하신 결혼의 규칙은 물론, 남편과 아내의 소명도 이해할 수 없다. 창세기 2장을 이해하지 못하면, 결혼을 했든 하지 않았든 남자가 된다는 것이 무슨 의미인지를 알 수 없다. 창세기 2장은 인간에 대해 네 가지 사실을 진술한다. 즉, 인간은 누구이며 어디에 있는가, 인간은 무엇이며 어떻게 소명을 이루는가 하는 문제를 다룬다. 남자의 소명을 정확히 이해하는 것은 매우 중요한 일이다.

인간은 누구인가?
_영적 피조물

창세기 2장 7절은 하나님이 인간을 특별하게 창조하셨다고 증언한다.
"여호와 하나님이 땅의 흙으로 사람을 지으시고 생기를 그 코에 불어 넣으시니 사람이 생령이 되니라."
인간의 창조는 두 가지 면에서 독특하다.
첫째, 하나님께서는 다른 피조물들을 손으로 만드시지 않았다. 흙으로 각종 동물들을 지으실 때도 하나님은 그저 말씀만 하셨다(창 2:19 참고). 한마디 명령이면 충분했다. 그러나 인간을 창조하실 때는 아버지의 사랑으로 손수 인간을 빚으셨다.

둘째, 하나님은 인간에게 생기, 곧 영원한 생명의 호흡을 불어 넣으셨다. 4장에서 인간의 창조에 대해 다룰 예정이므로 여기서는 인간이 다른 피조물들과는 다르게 창조되었다는 사실만을 언급하고자 한다. 우리는 단지 많은 피조물들 가운데 하나가 아니다. 남자와 여자는 영적 피조물이다. 성경은 하나님이 '자기 형상대로' 사람을 창조하셨다고 증언한다(창 1:27 참고). 인간의 육신은 죽지만, 영혼(하나님의 생기)은 소멸되지 않는다. 따라서 인간에게는 하나님을 알고 피조세계에 그분의 형상을 드러내야 할 사명이 주어졌다.

하나님은 우리의 예배와 섬김을 통해 자기의 형상을 드러내게 하시기 위해서 우리에게 영적 본성을 허락하셨다. 그것이 우리 인간에게 주어진 본분이다.

하나님은 인간을 어디에 두셨는가?
_언약의 관계와 『마음의 회복』에서 발견되는 오류

창세기 2장 8절은 간과하기 쉬운 중요한 정보를 제공한다. 하나님은 인간을 독특한 존재(영적 피조물)로 창조하셨다. 그렇다면 하나님은 인간을 이 큰 지구의 어디에 두셨을까? 처음에는 아담 혼자였기 때문에 그가 머물 곳은 한 곳으로 충분했다. 하나님의 창조 사역은 무엇 하나 의도하시지 않은 것이 없다. 인간을 두신 장소도 분명한 의도에 따라 정해졌다. 성경은 "여호와 하나님이 동방의 에덴에 동산을 창설하시고 그

지으신 사람을 거기 두시니라"(창 2:8)라고 말한다.

성경에 따르면, 에덴동산은 하나님께서 본래 창조하신 풍요롭고도 아름다운 세상의 작은 한 부분에 지나지 않았다. 아담은 그곳에서 하와와 함께 "생육하고 번성하여 땅에 충만하라"(창 1:28)라는 명령을 받았다.

에덴동산을 어떻게 생각해야 할까? 에덴동산은 하나님께서 인간과 언약의 관계를 맺으신 곳이다. 하나님은 그곳에서 인간과 언약을 맺고, 책임을 부여하셨다. 에덴동산은 인간의 모든 활동이 시작된 장소이다. 아담은 에덴동산에서 하나님께서 창조하신 세계에 첫발을 내딛었다. 그는 그곳을 경작하고 지킴으로써 하나님의 영광을 드높이고, 그분에 대한 지식을 온 우주에 널리 전해야 했다. 타락하기 전에 아담은 동산, 곧 하나님께서 자신의 영광을 위해 아담과 언약 관계를 맺고 의무를 부여하신 곳에 있었다.

이 시점에서 최근 몇 년 사이에 각광을 받기 시작한 잘못된 가르침을 몇 가지 지적하고 넘어가야 할 듯싶다. 2001년 이후에 출판된 남성에 관한 기독교 서적 중 존 엘드리지(John Eldredge)의 『마음의 회복』(Wild at Heart)이라는 책이 있다. 이 책은 비디오와 워크북, 심지어 '현장 교범'까지 완벽하게 갖춘 실용도서이다. 『마음의 회복』은 여자 같은 사내가 되는 것이나 이른바 '여성적 측면'에 더는 관심을 기울이지 말고 남성의 정체성을 재발견하는 신나는 모험을 즐기라고 요구한다. 이 책은 많은 기독교인 남성들에게서 호응을 얻었다.

물론 나도 기독교인 남성이 여성화된 남성성에 대해 거부해야 한다는 주장에는 진심으로 동감한다. 그러나 이 책이 남성성에 대해 접근하는 방법은 성경의 가르침에 어긋난다. 그런 점에서 이 책은 성경이 가르치는 진정한 남성성을 추구하려는 사람들에게 큰 혼란을 불러 일으켰다.

이 책의 앞부분에서부터 중요한 오류가 시작된다. 엘드리지는 이 책에서 창세기 2장 8절을 설명하면서, "하와는 풍요롭고 아름다운 에덴동산 안에서 창조되었다. 그러나 아담은 에덴동산 밖, 곧 야생에서 창조되었다"라고 말한다.[3] 그는 '하나님이 아담을 에덴동산에 두셨다'는 말씀에 비추어 아담이 창조된 곳이 에덴동산 밖이었을 것이라고 추론했다. 이 점에 대해서는 성경이 분명히 언급하지 않지만, 언뜻 그럴듯하게 들린다. 그러나 그 말이 사실이라고 하더라도, 과연 거기에서 무슨 의미를 찾을 수 있겠는가? 엘드리지는 필요 없고 아무 도움도 되지 않는 논리의 비약을 시도하여 "남자의 본성은 길들여지지 않았다"라고 결론지었다.[4] 즉, 남자의 마음에는 '야성'이 존재하기 때문에 남자의 영혼은 잘 경작된 동산이 아니라 야생에 속해야 한다는 식이다. 엘드리지는 그 점을 전제로 성경과는 다른 남성성을 가르쳤다.

이런 가르침이 사무실에서 일하는 남성들이나 결혼에서의 의무와 부모로서의 책임, 문명화된 사회에 속박된 것처럼 느끼는 남성들의 관심을 사로잡은 이유를 짐작하기는 그리 어렵지 않다. 그러나 엘드리지가

---

3) John Eldredge, *Wild at Heart: Discovering the Secret of a Man's Soul*(Nashville: Thomas Nelson, 2001), 3.
4) Ibid., 4.

간과한 점이 하나 있다. 다시 말해, 하나님께서 남자를 에덴동산에 두셨는데, 『마음의 회복』에서는 남자에게 동산 밖에 있는 야생에서 정체성을 찾으라고 역설한다는 것이다. 창세기 2장 8절은 하나님이 아담을 동산, 곧 언약의 관계와 의무가 존재하는 곳에 두셨고, 그곳에서 그분이 부어하신 정체성을 찾아 실행하게 하셨다고 진술한다. 만일 마음의 야성을 발현하는 것이 하나님의 뜻이라면, 왜 남자를 에덴동산에 두어 자기중심적인 정체성이 아니라 언약의 복과 관계 가운데 삶을 영위하게 하셨는지 도무지 납득하기 어렵다.

인간은 무엇인가?
_주인이자 종

창세기 1장 28절에서 하나님은 아담과 하와에게 "생육하고 번성하여 땅에 충만하라"라고 명령하셨다. 우리는 이 말씀에서 남성성의 본질을 찾을 수 있다. 다시 말해, 하나님은 아담을 주인이자 종으로 동산에 두셨다. 아담은 하나님이 원하시는 열매를 동산에서부터 시작해 점차 피조세계 전체로 퍼뜨려 나감으로써 그분을 영화롭게 해야 할 책임을 지고 있었다. 또한 아담은 하나님의 조력자로서 만물을 다스리는 권위를 행사할 수 있었다.

"하나님이 그들에게 이르시되, 생육하고 번성하여 땅에 충만하라. 땅을 정복하라. 바다의 물고기와 하늘의 새와 땅에 움직이는 모든 생물을 다스리라 하시니라"(창 1:28).

이것은 인간, 곧 남자와 여자 모두에게 주어진 명령이지만, 특히 남자의 소명에 해당한다. 하나님께서 하와를 '돕는 배필'(창 2:18,20)이라고 일컬으신 것은 아담이 하와를 이끄는 지도자라는 사실을 암시한다. 하나님은 아담을 위해 여자를 창조하셨다. 그리고 아담은 다른 피조물들의 이름을 지어 준 것처럼 그녀의 이름을 지어 주었다. 에덴동산의 지도자는 아담이었다. 그는 만물을 지배하시는 하나님의 대리자로서 그분을 섬기는 역할을 감당했다. 아담은 자신의 남성적 정체성을 찾아 헤맬 필요가 없었다. 그의 의무는 하나님께서 창조하신 세계를 다스리고 지키며, 충실한 종으로서 하나님의 형상을 밝히 드러내 창조주를 영화롭게 하는 것이었다.

인간은 어떻게 소명을 이루는가?
_일하는 것과 지키는 것

창세기 2장 7,8절은 "인간이 누구이고(하나님을 알고 영화롭게 하기 위해 창조된 영적 피조물), 인간이 어디에 있으며(하나님이 인간을 친히 지으신 에덴동산에 두심), 인간이 무엇인가?(하나님이 창조하신 세상을 다스리는 존재이자 섬기는 존재)" 하는 문제를 다룬다. 그리고 마지막으로, 창세기 2장 15절은 인간에게 주어진 소명을 이루는 방법에 관해 가르친다.

"여호와 하나님이 그 사람을 이끌어 에덴동산에 두어 그것을 경작하며 지키게 하시고."

일하고 지키는 것이 성경이 가르치는 남자가 되는 방법이다. 이것이 남자에게 주어진 성경의 명령이다. 따라서 이 책에서는 이 두 가지 동사의 의미를 상세히 밝히고 적용함으로써 하나님께서 요구하시는 남자의 평생 소명을 이루게 하고자 한다.

- 일하다

일이란, 심고 가꾸는 수고를 의미한다. 이 책에서는 일을 양육, 배양, 돌봄, 세움, 인도, 다스림이라는 관점에서 논의하고자 한다.

- 지키다

지키는 것이란, 먼저 이룬 발전을 유지하고 보호하는 것을 의미한다. 이 책에서는 이 개념을 보호, 안전, 돌봄, 보살핌, 유지라는 관점에서 살펴보고자 한다.

이 용어들의 개념은 서로 겹치는 부분이 있다. 사실 일하고 지키는 것은 함께 이루어질 때가 많다. 하나님은 이 두 가지 개념을 상호 보완적으로 사용하여 본래 의도한 남성성에 부합하는 행위와 태도를 가르치려고 하신 것 같다. 따라서 창세기 2장 15절에 기록된 '일(경작)'과 '지킴'이라는 말을 서로 구별되면서도 관련되는 개념으로 파악하는 것이 좋을 듯하다. 이 두 개념을 요약하는 단어로 '섬김'과 '지도력'을 들 수 있다. 이 두 단어는 '종'과 '주인'이라는 성경 용어와 밀접하게 관련된 현대의 표현이다.

창세기 2장에 따르면, 남자는 하나님께서 그로 하여금 남자로서의 역할을 감당하게 하려고 창조하신 세계에 주인이자 종으로서 발을 들여 놓았다. 남자는 그곳에서 하나님의 권위 아래 '일'과 '지킴'이라는 소명을 이루어야 한다.

모험이 시작되다

다시 브라이언 디건의 이야기로 돌아가 이번 장을 마무리하고자 한다. 앞서 말한 대로, 그는 결혼 생활을 시작한 뒤에 자녀를 낳아 돌보았고, 하나님께서 주신 재능으로 당대의 사람들에게 좋은 영향을 미쳤다. 그에 대해 마지막으로 하고 싶은 말은, 하나님께서 처음에는 그를 동산이 아니라 광야에서 자아를 찾고자 모험함으로써 스스로 남성성을 찾으려고 노력하게끔 놔두셨다는 것이다. 디건은 기독교인이 되기 전까지 그런 삶을 살았다. 사실 그의 삶은 현대와 현대 이후 시대의 남성성을 대변한다. 요즘 남자들은 항상 어린 소년처럼 행동하고, 자기 발견이라는 명분을 내세워 자기 자신을 섬긴다(로날드 레이건[Ronald Reagan]이나 윈스턴 처칠[Winston Churchill]과 같은 사람은 그런 식으로 자신의 남성성을 찾으려고 노력하지 않았다. 그들은 세상을 변화시키기에 바빴다).

하나님은 브라이언 디건뿐만 아니라 우리를 위해서도 더 멋진 계획을 세우고 계신다. 성경에 복종하는 것이야말로 남자로서 참된 모험을 시작할 수 있는 길이다. 우리는 참된 세상, 곧 죄로 오염되었지만 그리스도 안에 나타난 하나님의 은혜로 구속함을 입은 동산에서 그분의 형상을 밝히 드러내야 한다. 바로 이것이 우리를 향한 하나님의 뜻이다. 지도자이자 종으로서 하나님의 영광을 드러내고, 사람들과의 관계에서 그분의 사랑을 실천하는 것이 우리의 소명이다. 참된 세상에서 영적 존재로 살아가면서 하나님이 원하시는 관계를 맺고, 주인이자 종으로서 그분을 섬기며, 섬김과 지도력을 통해 그분을 위한 열매를 맺는 것이 바로 남성의 소명이다.

이런 말이 따분하게 들리거나, 동산이 아니라 광야에서 자아를 만족시키려고 노력하는 편이 더 좋게 느껴진다면, 창세기 2장의 가르침을 좀 더 깊이 설명하는 5장을 읽어 보라. 나의 말이 확신을 주지 못하고, 아직도 자신의 영광을 위해 남은 생애를 바치고 싶은 마음이 든다면, 원하는 대로 하라. 그러나 우리가 결혼, 부성애, 우정, 교회라는 언약의 관계 안에서 충실히 남성의 소명을 이루어 간다면, 하나님께서 요구하시는 남성의 소명을 추구하는 것이 우리의 삶을 좀 더 명료하고 의미 있게 만든다는 사실을 알게 될 것이다. 그렇다. 이것 또한 모험이다. '일하고 지키라'는 소명에 충실한 삶, 곧 하나님의 영광을 위해 살고, 그분이 우리에게 허락하신 일과 사람들에게 정성을 다하여 헌신하는 삶을 살아야 한다. 이것이 하나님을 위해 지음 받아 세상에서 살면서 그분의 이름으로 열매를 맺어야 할 남자의 의무이다.

당신도 우리와 뜻을 같이할 수 있기를 바란다.

묵상과 나눔을 위한 질문

1. 자기실현을 통해 남성으로서의 정체성을 찾으려는 시도와 성경에서 그 정체성을 찾으려는 시도는 서로 어떻게 다른가? 우리 자신의 주관적이고 정신적인 경험보다 하나님의 말씀이 더 안전한 이유는 무엇인가?

2. 창세기 2장은 하나님을 대신해 종과 주인으로서 일하는 데서 남성의 정체성을 찾아야 한다고 가르친다. 하나님이 당신에게는 어떤 임무를 맡기셨고, 또 무슨 권위를 허락하셨는가? 하나님을 기쁘시게 하고 그분의 이름이 찬양받게 하려면 어떻게 해야 할까? 미래에 짊어져야 할 책임을 생각하면서 현재 준비하는 것이 있는가? 그 책임을 어떤 식으로 감당하려 하는가?

3. 하나님은 왜 남성의 정체성을 광야가 아닌 동산에서 찾기를 원하시는가? 하나님께서 허락하신 관계 속에서 소명을 발견하는 것이 왜 중요한가?

Chapter 2

남자로서의 소명

나는 기병대 가족의 후손이다. 나의 증조부는 서부 국경 지역에서 정찰 임무를 맡은 기병대 병사였고, 나의 할아버지는 1938년에 미국의 마지막 기병 연대의 지휘관을 지냈다. 그때를 기점으로 우리 가족은 말에서 탱크로 옮겨 갔고, 할아버지와 나는 기갑 부대[1] 장교를 지냈다. 그 덕분에 나는 기병대와 관련된 잡다한 물건들을 상당히 많이 가지고 있다. 지금 내가 이 글을 쓰고 있는 책상 위에도 기병대 병사가 안장 위에서 총을 쏘고 있는 모습을 그린 그림이 걸려 있다.

기병대가 등장하는 멋진 영화가 많지만, 그중에서 가장 인상 깊었던 영화는 존 웨인의 고전 '황색 리본을 한 여자(She wore a yellow ribbon,

---

[1] 역자주 - 전차와 장갑차를 주축으로 하여 화력과 기동성에 역점을 둔 육군 지상 부대이다.

1949년)'이다. 이 영화는 남북전쟁 당시 역전의 용사였던 나이 든 대위 네이선 브리들스(Nathan Briddles)의 삶을 그리고 있다. 그는 남성성을 상징하는 인물이다. 나는 젊은 장교로 기갑 부대에서 복무하는 동안, 이 영화를 수없이 반복해서 보았을 뿐 아니라 그의 기백을 본받으려고 노력했다. 이 영화를 본 사람이라면 누구나 브리들스 대위가 추구하는 남성성이 "절대 미안하다고 말하지 말라!"라는 한마디에 압축되어 있다고 생각할 것이다. 그는 부하 장교들을 꾸짖을 때마다 "절대 미안하다고 말하지 말게"라고 강조하곤 했다. 나는 그의 조언을 지나치게 충실히 따른 탓에 이십 대 초반을 필요 이상으로 밉살스럽게 보냈다.

그러다가 기독교인이 되고 나서, 존 웨인의 영화에 나오는 남자다운 말들이 모두 아무 소용이 없다는 사실을 알게 되었다. "절대 미안하다고 말하지 말라"라는 말은 그럴듯하게 들리지만, 실제로는 남자에게 있는 죄의 본성, 곧 거만하고 교만한 남자의 속성을 반영하는 것일 수도 있다. 성경에 좀 더 친숙해지자, 나는 남자의 삶을 그 말보다 훨씬 더 정확하게 표현하는 말이 있다는 사실을 깨달았다. 그것은 앞 장에서 언급한 대로 '일하다'와 '지키다'이다. 이 책에서는 이 두 용어를 종종 다룰 것이다.

이 두 용어는 성경이 남성에게 요구하는 행위를 간단히 요약한다. 남자는 이 세상에서 하나님께서 원하시는 소명을 이루어야 한다. 즉, 남자는 남자가 되라는 소명에 충실해야 한다.

"여호와 하나님이 그 사람을 이끌어 에덴동산에 두어 그것을 경작하며 지키게 하시고"(창 2:15).

우리가 삶을 통해 이루어야 할 소명은 이처럼 간단하다(물론 이 일은 결코 쉽지 않다). 우리는 일하고 세우는 책임과 지키고 보호하는 책임을 성실히 수행해야 한다.

그렇다면 이 두 용어는 정확히 어떤 의미를 가지고 있을까? 이 점을 좀 더 자세히 살펴보자.

일하다 – 동산지기로서 땅을 경작하다

창세기 2장 15절에서 '경작하다'로 번역된 히브리어 '아바드(avad)'를 살펴보자. 이 말은 구약성경에서 동사나 명사의 형태로 종종 나타난다. 동사로는 '일하다, 섬기다, 수고하다, 경작하다, 예배하다'라는 뜻으로 사용되었고, 명사로는 '종, 직분자, 예배자'라는 뜻으로 사용되었다. 창세기 2장은 에덴동산을 배경으로 하기 때문에 여기에서 '아바드'는 농사일을 가리키는 의미로 보아야 한다. 하나님은 아담에게 동산을 경작해 풍성한 열매를 거두라고 명령하셨다. '경작하라'는 하나님의 명령은 앞서 주어진 "생육하고 번성하여 땅에 충만하라"(창 1:28)라는 명령과 일맥상통한다.

동산지기가 동산을 가꾸기 위해 해야 할 일은 무엇일까? 동산지기의 임무는 동산을 돌보고 경작하는 것이다. 그는 씨앗을 뿌리고, 가지를 치고, 땅을 갈고, 비옥하게 만드는 일을 한다. 동산지기는 살아 있는 식물을 강하고 아름답고 풍성하게 가꾸어야 한다. 그는 일을 하다가 잠시 일손을 멈추고서 자신이 이룬 성과(열을 지어 서 있는 키 큰 나무들, 풍요로운 밀밭, 아름다운 포도원, 다채로운 꽃들)를 둘러본다.

나는 대학에 다니면서 여름이면 정원사의 조수 역할을 하는 아르바이트를 즐겨 했다. 우리는 날마다 차를 몰고 일터에 나가 나무를 심고, 정원의 울타리를 만들고, 식물을 심었다. 힘은 들었지만 만족스러운 일이었다. 특히 나는 차를 타고 돌아오면서 뒷거울을 통해 우리가 완성한 작업과 식물들이 자라는 광경을 바라보는 것이 매우 좋았다.

성경에 따르면, 밭을 경작하는 것은 남자의 두 가지 소명 가운데 하나에 해당한다. 물론 모든 남자가 농사일을 해야 하는 것은 아니다. 무슨 일을 하든, 남자는 하나님께서 허락하신 곳에서 일을 해야 한다. 남자는 심고 만들고 재배하는 일을 해야 한다. 남자는 대개 회사원으로서, 또는 다른 사람들과 어울려 여러 가지 일을 수행한다. 남자는 좋은 것을 만들어 내기 위해 시간과 힘과 생각과 열정을 바쳐야 한다. 경작하고 세우고 자라나게 하는 일에 헌신하는 남자가 충실한 남자이다.

기독교인의 직업 활동을 예로 들어 보자. 다음 장에서 이 문제를 좀 더 자세히 살펴볼 예정이므로 여기서는 일하라는 소명이 가치 있는 것을 이루는 데 헌신하는 것을 의미한다는 점을 기억하는 것으로 충분할 듯하다. 남자는 자신의 재능과 은사와 경험을 이용해 가치 있는 일을 이루어야 한다. 결혼한 남성들의 경우에는 가족들을 위해 일해야 한다. 선한 일은 무엇이든 괜찮다. 안경을 만드는 사람, 과학을 탐구하는 사람,

가게를 운영하는 사람 등 예를 들자면 끝이 없다. 일하라는 소명은 무엇을 하든 좋은 것을 만들고 가치 있는 결과를 만들어 내라는 의미이다. 물론 단순히 생계를 위해 돈을 번다고 해서 잘못된 것은 아니다. 그러나 기독교인은 노동을 통해 자신과 가족을 위해 돈보다 더 가치 있는 것을 창출해야 한다. 기독교인 남성은 하나님의 영광과 다른 사람들의 행복을 위해 가치 있는 일을 이루겠다는 열정을 품어야 한다.

우리가 돌봐야 할 '동산'에는 일뿐만 아니라 사람들도 포함된다. 그러므로 이 책에서는 관계에 대해서도 다룰 것이다. 다만 여기서는 우리의 보호 아래 있는 사람들(우리가 보살피고 가르치는 사람들, 특히 아내와 자녀들)의 마음을 가꾸는 일도 땅을 경작하는 남자의 소명에 포함된다는 것을 지적하는 정도로 만족하고자 한다. 남자의 손은 인간의 마음이라는 토양을 능숙하게 다루어야 한다. 남자는 자신이 섬기고 사랑하는 사람들의 마음을 잘 가꾸어야 한다. 그래야만 가장 중요하고 가치 있는 것들을 이룰 수 있다.

'일하라'라는 성경의 명령, 곧 '경작하고 보살피라'라는 명령은 성(性)의 역할과 관련해 많은 오해를 불러 일으킨다. 사람들은 여성이 주된 양육자가 되고 남자는 '강하고 과묵한 면모'를 보여 주어야 한다고 말한다. 그러나 성경은 남자에게 양육자가 되라고 요구한다. 양육자가 되려면, 우리에게 맡겨진 사람들의 마음을 돌보는 일에 많은 관심을 기울여야 한다.

남편에게는 영적, 감정적 차원에서 아내를 양육해야 할 책임이 있다.

아내가 있는 남자는 이 일을 부차적인 것으로 생각해서는 안 된다. 아내를 양육하는 일은 결혼한 남성에게 요구되는, 근본적이고도 핵심적인 의무이다.

마찬가지로 아버지는 자녀들의 마음을 가꾸고 돌보는 데도 많은 노력을 기울여야 한다. 어떤 상담사든 분명히 자녀가 어린 시절에 아버지와 감정적으로 거리감을 느끼는 것이 나쁜 영향을 미친다고 말할 것이다. 그런 거리감 때문에 매우 많은 사람들이 아버지와의 관계에 대해서 입을 굳게 다문다. 하나님께서 남자들에게 영적, 감정적 차원에서 자녀들을 양육하는 책임을 부여하셨지만, 많은 남자들은 그런 책임을 잘 이해하지 못한다. 단순히 어깨에 손을 얹거나 등을 다독거려 주는 행동만으로도 자녀나 고용인의 마음에 깊은 감동을 줄 수 있다.

이처럼 남자의 소명을 이루고자 하는 사람은 양육자가 되어야 한다.

지키다 – 칼을 들고 보호하다

남자의 소명에 관한 또 하나의 명령은 '지키라'는 것이다. 이것은 '막다, 보호하다'라는 뜻이다. 이 개념을 전달하는 또 다른 히브리어는 '샤마르(shamar)'이다. 이것은 '지키다, 수호하다, 보호하다, 보살피다'로 번역된다. 이 말은 군인들이나 목자들, 제사장들, 정부 관리들에게 적용된다. 그리고 하나님은 자신에게 이 표현을 적용하여 '자기를 믿는 백성을 보호하고 지킨다'고 말씀하신다. 즉, '샤마르'에는 하나님을 망

대요 요새로 묘사하는 성경의 개념이 담겨 있다.

시편 121편을 생각해 보자. 이 시편은 "내가 산을 향하여 눈을 들리라. 나의 도움이 어디서 올까. 나의 도움은 천지를 지으신 여호와에게서로다"(1,2절)라는 말씀으로 시작한다. 이 시편을 계속 읽어 보면, 하나님께서 베푸시는 도움이 대부분 '지키시는' 형태로 나타나는 것을 알 수 있다. 이것은 아담의 소명을 설명할 때 사용한 말과 똑같다(창 2:15 참고). 3절에서 시편 기자는 "여호와께서 너를 실족하지 아니하게 하시며 너를 지키시는 이가 졸지 아니하시리로다"라고 말한다. 하나님께서 자기 백성을 지켜 주시기 때문에 그들이 넘어지지 않는다는 것이다. "이스라엘을 지키시는 이는 졸지도 아니하시고 주무시지도 아니하시리로다"(4절).

하나님은 언제나 자기 백성을 지켜 주신다. 이 시편은 "여호와께서 너를 지켜 모든 환난을 면하게 하시며 또 네 영혼을 지키시리로다. 여호와께서 너의 출입을 지금부터 영원까지 지키시리로다"(7,8절)라고 결론짓는다. 하나님은 신자들을 항상 지켜 주신다. 그분은 우리를 온갖 환난으로부터 보호하시고, 무엇보다 우리의 영혼을 지켜 주신다. 이 시편은 우리를 지키시는 하나님의 사역을 참으로 아름답게 묘사한다. 하나님께서 기독교인 남성에게 요구하시는 일도 이와 비슷하다. 즉, 남자에게는 주님이 맡기신 사람들을 안전하게 보호하고 지켜야 할 책임이 있다.

'지키라'는 명령은 성경이 요구하는 남자의 소명을 완성한다. 남자는 땅을 경작해야 할 뿐만 아니라 칼을 들어야 한다. 아담은 하나님의 대리자로서 에덴동산을 다스리면서 동산을 풍요롭게 할 뿐만 아니라 그곳을 안전하게 지켜야 했다. 이와 마찬가지로, 기독교인 남성은 경작하고 세우고 양육해야 할 뿐만 아니라 사람들과 사물들을 안전하게 지켜야 한다. 그래야만 경작하고 기른 열매를 잘 보존할 수 있다.

남자가 된다는 것은 위험이나 재난이 닥쳤을 때 용기 있게 나서는 것이다. 하나님은 남자가 나태하게 굴어 해악을 내버려 두거나 악이 위세를 떨치도록 방치하는 것을 원하시지 않는다. 우리는 언약의 관계 안에 있는 사람들을 안전하게 지켜야 한다. 가정에서 아내와 자녀들은 가장으로 말미암아 안전함과 편안함을 느껴야 한다. 남자는 교회에서도 속된 것과 오류에 대항하여 진리와 경건을 담대하게 지켜야 하며, 사회에서도 악에 단호히 맞서고 외부의 위협으로부터 나라를 지켜야 한다.

진정으로 위대한 남자

이 책에서는 남자의 소명을 남자의 삶과 사역(일터, 가정, 교회)에 적용하는 데 초점을 맞출 것이다.

"여호와 하나님이 그 사람을 이끌어 에덴동산에 두어 그것을 경작하며 지키게 하시고"(창 2:15).

지금도 하나님은 남자들에게 선한 것들을 기르고, 귀한 것들을 안전하게 지키라고 명령하신다. 잠시 생각해 보면, 우리가 우러러보는 위대한 사람들이 바로 그런 일을 감당했다는 사실을 알 수 있다. 가치 있는 명분에 헌신하는 종이자 옳은 것을 위해 싸우는 지도자가 진정으로 위대한 남자이다. 생각해 보라. 존 웨인의 영화에서 우리를 감동시킨 요소가 바로 그것이었다. '황색 리본을 한 여자'에서 "절대 미안하다고 말하지 말라"라는 대사만 빼면, 브리들스 대위가 행한 일도 모두 '안전하게 지키고 세우는 일'이었다.

하나님께서 원하시는 남자, 곧 사랑하는 사람들에게서 존경받고 하나님 앞에서 주어진 의무를 성실히 수행하는 남자가 되고 싶다면, "일하고 지키라"라는 남자의 소명을 삶의 신조와 표어로 삼으라.

묵상과 나눔을 위한 질문

1. 저자는 "남자는 강하고 과묵해야 한다"는 생각에 대해 우려했다. 감정적인 거리를 유지하는 남자의 태도는 어떤 문제를 일으키는가?

2. 다른 남성으로부터 마음을 가꾸는 사역을 받은 적이 있는가? 있다면 무슨 유익을 얻었는가? 또 그런 경험이 없다면, 어떤 느낌이 드는가? 하나님께서 가꾸고 양육하는 사역의 측면에서 당신이 좀 더 깊이 관여하기를 원하시는 듯한 관계가 있는가?

3. 저자는 남성으로서의 소명을 이루는 일에 대해 "간단하지만 쉬운 일이 아니다"라고 말했다. 남자의 소명이 간단한 개념이라는 것이 중요하지 않다는 뜻인가? 남자의 소명이 간단한 개념인데도 실천하기 어려운 이유는 무엇인가? 하나님께서 동산에 있는 남자들에게 주신 소명을 당신이 더욱 충실히 이행하려면, 당신의 삶이 어떻게 변해야 하겠는가?

Chapter 3
신성한 소명으로서의 일

일하지 않는 남자를 존경할 사람은 아무도 없다. 이는 지극히 당연한 일이다. 열심히 일한다면, 말을 잘 못하거나 얼굴이 못생겼거나 심지어 성격이 조금 까다롭더라도 상관없다. 일하기 싫어하는 남자보다 더 못난 사람은 없다.

바울 사도는 게으른 사람들을 꾸짖어 "누구든지 일하기 싫어하거든 먹지도 말게 하라"(살후 3:10)라고 말했다. 기독교는 "일하기 싫어해도 그에게 필요한 것을 주어야 한다"라고 가르치지 않는다. 바울은 "일을 하기 전까지는 먹을 것을 주지 말라"라고 말한다. 남자에게는 일을 해야 할 의무가 있다. 남자는 일하기를 좋아해야 하고, 열심히 일하면서 만족을 느껴야 한다. 남자의 삶은 일하는 삶이다. 노동은 선하고, 하나님을 기쁘시게 한다.

현재의 일

  노동을 낭만적으로 생각해서는 안 된다. 많은 남자들이 타성에 젖어 일하거나 심지어 자신의 직업을 싫어하고 증오하기까지 한다. 만족스럽지 못한 노동 때문에 실망한다는 것은 인간의 마음 깊은 곳에 노동이 의미 있고 즐거워야 한다는 의식이 자리 잡고 있다는 것을 드러내는 증거이다.

  우리 동네에서 쓰레기를 치우는 사람들은 늘 자신의 일이 즐겁다는 듯한 표정으로 일한다. 대개 세 명이 한 조가 되어 일하는 이 환경미화원들은 잘 돌아가는 기계처럼 손발이 척척 들어맞는다. 한 사람은 즐거운 표정으로 솜씨 좋게 트럭을 몰고, 나머지 두 사람은 운동선수처럼 재빠르게 길가에 있는 쓰레기통을 들어서 쓰레기를 분쇄기 안에 쏟아붓는다. 또 필요한 경우에는 트럭 뒤에 뛰어올라 매달리기도 한다. 이따금씩 그들을 볼 때마다 모두 밝은 표정으로 자신의 일에 몰두하는 모습이 환히 보였다.

  사실 그들의 직업을 동경하는 사람은 별로 없다. 그들의 직업은 특별히 즐거운 일은 아니다. 아마도 환경미화원들 중에서도 평생 그 일을 하고 싶어할 사람은 그리 많지 않을 것이다. 그러나 그것은 정직하고 명예로운 노동이다. 어느 모로 보나 그들은 자신의 일에 만족스러워한다. 나는 그런 모습을 보면서 노동의 고유한 가치를 새삼 의식하곤 한다.

노동, 정체성, 죄의 영향

우리는 어떤 일을 잘했을 때 한동안 깊은 만족감을 느낀다. 노동이 그런 고유한 가치를 지니는 이유는 무엇일까? 그것은 우리가 노동하도록 창조되었기 때문이다. 하나님은 아담을 에덴동산에 두시고는 그에게 일하라고 명령하셨다. 우리가 노동을 즐기며 그 안에서 정체성을 발견하는 이유는, 선하신 하나님께서 우리가 수행하는 노동을 통해 영광을 받기로 작정하셨기 때문이다. 우리는 노동을 적당히 균형 있게 유지해 나가면서 그리스도 안에서 우리의 정체성을 회복해야 한다. 하나님은 우리가 열정적으로 노동하고 그 안에서 참된 만족을 발견하기를 바라신다.

우리는 속된 영광이나 자아를 섬기는 것, 악한 쾌락 등 일과 관련해 생길 수 있는 유혹에 종종 시달리곤 한다. 또한 우리는 우리의 정체성을 지나치게 일에서만 찾으려고 하는 경향이 있다. 물론 일 자체는 아무 문제가 없다. 그런 유혹과 오류는 모두 우리의 부패한 마음과 무엇이든 손대는 것마다 우상 숭배와 이기심으로 오염시키는 우리의 불의한 속성에서 비롯된다. 그러나 우리의 본성이 부패했다고 하더라도 노동이 하나님께서 친히 허락하신 인간의 신성한 소명이라는 사실은 조금도 변하지 않는다.

에덴동산에 죄가 들어와 노동의 본질을 왜곡시켰지만, 일하라고 하신 하나님의 명령은 거룩하고 선하다. 브루스 월키(Bruce K. Waltke)는 "노동은 죄에 대한 형벌이 아니라 하나님이 주신 선물이다. 타락하기 전에도 인간에게는 노동의 의무가 주어져 있었다"라고 말했다.[1] 하나님은 아담에게 노동을 통해 풍성한 열매를 맺으라고 명령하시고 나서 지으신 모든 것을 바라보며 '심히 좋게' 여기셨다(창 1:31 참고).

아담이 타락한 뒤에도 노동은 선한 의무이다. 다만 인간의 죄 때문에 하나님께서 땅을 저주하셨고, 그 결과 인간이 단지 일하는 것이 아니라 '힘들게' 일해야 하는 처지가 되었을 뿐이다.

"땅은 너로 말미암아 저주를 받고 너는 네 평생에 수고하여야 그 소산을 먹으리라. 땅이 네게 가시덤불과 엉겅퀴를 낼 것이라. 네가 먹을 것은 밭의 채소인즉 네가 흙으로 돌아갈 때까지 얼굴에 땀을 흘려야 먹을 것을 먹으리니 네가 그것에서 취함을 입었음이라. 너는 흙이니 흙으로 돌아갈 것이니라 하시니라"(창 3:17-19).

죽음과 허무가 지배하는 타락한 세상에서 우리는 열심히 일해야 한다. 그렇지 않으면 우리의 가족이 매우 고생할 수밖에 없다. 잠언은 근면이 남자가 갖춰야 할 중요한 성품이라고 가르친다.

"손을 게으르게 놀리는 자는 가난하게 되고 손이 부지런한 자는 부하게 되느니라"(잠 10:4).

"게으른 자는 그 잡을 것도 사냥하지 아니하나니 사람의 부귀는 부지런한 것이니라"(잠 12:27).

이따금 목회자들이나 기독교 심리학자들은 가장이 저녁 식사 시간에

---

1) Bruce K. Waltke, *Genesis: A Commentary*(Grand Rapids: Zondervan, 2001), 87.

늦어서도 안 되고 출장을 다니느라 집을 비워서도 안 된다고 말하곤 한다. 그러나 내 생각은 조금 다르다. 물론 가장이 가정의 의무는 소홀히 하거나 무시한 채로 일하는 데만 관심을 쏟는 것은 결코 바람직하지 않다. 그러나 이 타락한 세상에서 생존하려면 모든 능력을 쏟아 부어 일하고, 부지런히 활동해야 한다. 그러다 보면 때로는 집에 늦게 돌아올 수도 있고, 출장을 갈 수도 있다. 특히 기독교인은 정직하게 하루의 품삯에 상응하는 만큼 노동할 뿐 아니라 그 이상으로 노력하여 누구보다 열심히 일해야 한다.

남자에게는 노동의 본능이 깊이 뿌리박혀 있다. 남자는 노동을 통해 기쁨을 얻는다. 심지어 매우 흥미롭게도 우리가 취미 활동으로 여기는 것들 중에도 노동의 형태를 띤 것들이 많다. 어떤 남자들은 기분 전환을 위해 목공일을 즐겨 한다. 목공은 나무를 다루는 노동이다. 또 어떤 남자들은 정원을 가꾸거나 자동차를 고치는 일을 즐기고, 어떤 남자들은 낚시를 좋아한다. 낚시도 힘든 노동이다. 그 밖에 등산을 좋아하는 남자들도 있다. 등산은 정말 힘이 많이 드는 일이다. 나는 야구를 좋아한다. 야구는 수학적 계산이 많이 필요한 일이지만, 나의 여가를 한층 더 즐겁게 만든다. 이처럼 남자들은 여가를 보낼 때에도 노동의 본능을 발휘한다.

날마다 되풀이되는 창세기 2장의 상황

처음 만난 두 남자가 대화를 주고받을 때, 간단히 인사한 후 두 번째로 주고받는 말이 대부분 일에 관한 것이라는 점을 생각해 보았는가? 만일 내가 비행기에서 어떤 남자의 옆자리에 앉아 있다면, 그는 나에게 뭐라고 말을 걸어올까? 그는 먼저 "성함이 어떻게 되십니까?"라고 물을 것이다. 그러면 나는 "리처드 필립스입니다"라고 대답할 것이고, 그 다음에는 십중팔구 "무슨 일을 하십니까?"라는 질문이 이어질 것이다. 그 질문에 뭐라고 대답하느냐에 따라 나에 대한 상대방의 생각이 달라진다.

나는 그 물음에 여러 가지로 대답할 수 있다. "저는 글을 씁니다"라고 대답했다고 가정해 보자. 그러면 상대방은 내가 기지가 뛰어나고 흥미로운 사람일 것이라고 생각할 것이다. 또는 "저는 교육자입니다"라고 대답했다고 가정해 보자. 그러면 상대방은 내가 전문 지식을 갖춘 사람일 것이라고 생각하고는 어떤 분야에 정통한지를 알아보려고 다시금 질문을 던질 것이다. 이번에는 "저는 목회자입니다"라고 대답했다고 가정해 보자. 그러면 내가 죄에 관해 이야기하면서 자기를 괴롭힐까 봐 얼른 창밖으로 눈을 돌릴 것이다(그래서 대개 나의 대답은 대화에 관심이 있느냐 없느냐에 따라 달라진다). 이처럼 "무슨 일을 하십니까?"라는 질문은 상대방에 관해 많은 정보를 제공한다.

이것은 조금도 놀랍지 않다. 왜냐하면 노동이 하나님께서 남자에게 주신 소명이기 때문이다. 여기에 신학적 진리가 담겨 있다고 생각하지 않는가? 위의 상황은 순전히 세상에서 벌어지는 일이지만, 여기서도 우리는 성경의 깊은 진리를 어렴풋이 발견할 수 있다. 주의만 기울인다면, 비록 희미하더라도 주위에서 그런 진리를 항상 발견할 수 있다. 낯선 사람과 만났을 때, "당신은 누구입니까?"라는 식의 대화가 이어지는 것은 의미 없는 일이거나 우연이 아니다. 그런 대화는 창세기 2장에 기록된 사건, 곧 에덴동산에서 주어진 남자의 소명과 노동에 관한 신학을 반영한다.

하늘나라에서의 일

남자의 소명에서 노동은 큰 비중을 차지한다. 신자는 심지어 하늘나라에서도 예배와 일을 병행한다. 우리는 예수님의 '은화 열 므나 비유'에서 이 사실을 확인할 수 있다(눅 19:11-26 참고, 이것은 노동이 남자의 소명이라는 사실을 보여 주는 또 하나의 성경 본문이다).

집주인이 많은 돈을 종들에게 맡기고 먼 나라로 떠났다. 그들 중 열 명은 각각 6개월 치 품삯에 해당하는 은화 한 므나를 받았다. 얼마 후 집주인이 돌아와 종들에게 결산을 보고하게 했다. 첫 번째 종은 한 므나로 열 므나를 남겼다고 말했다. 그러자 주인은 "잘하였다, 착한 종이여. 네가 지극히 작은 것에 충성하였으니 열 고을 권세를 차지하라"(눅 19:17)라고 칭찬했다. 두 번째 종은 한 므나로 다섯 므나를 남겼으며, 그도 칭찬과 함께 다섯 고을을 다스리는 상급을 받았다(눅 19:18,19 참고). 예수님은 장차 재림하실 때 충실한 종들에게 상급이 주어질 것임을 가르치기 위해 이 비유를 말씀하셨다.

그렇다면 우리에게 주어지는 상급은 무엇일까? 그것은 휴가가 아니라 승진이다. 다시 말해, 우리의 상급이란 하늘나라에서 주님을 섬기며 더 많은 일을 할 수 있도록 능력을 얻는 것이다.

마태복음에 기록된 달란트 비유에도 이와 같은 진리가 들어 있다(마 25:14-30 참고). 종들 중 한 사람은 다섯 달란트를 열 달란트로 만들었다. 예수님은 그에게 "잘하였도다, 착하고 충성된 종아. 네가 적은 일에 충성하였으매 내가 많은 것을 네게 맡기리니 네 주인의 즐거움에 참여할지어다"(마 25:21)라고 말씀하셨다. 예수님이 재림하시고 우주가 새로워져 새 하늘과 새 땅이 이루어진 뒤에도 그곳에서 그분과 함께 더 영광스러운 노동에 영원히 종사하게 되는 것이 충실한 섬김에 대한 보상이라는 점을 다시금 확인할 수 있는 대목이다(마 19:28; 롬 8:19-23 참고). 예수님은 이 일을 '주인의 즐거움에 참여하는 것'이라고 일컬으셨다. 이것이 우리가 누리는 구원의 복이다. 하늘나라에서 어떤 일을 할는지는 정확히 알 수 없다. 그러나 틀림없이 세상에서 경험하는 가장 즐거운 휴식보다도 훨씬 더 만족스러운 일을 하게 될 것이다.

세상에서 할 수 있는 올바른 노동

모든 노동이 다 똑같은가? 그렇지 않다. 세상 사람들은 보수나 특권의 크기로 직업의 가치를 평가한다. 그러나 기독교인은 달라야 한다. 우리는 다음과 같은 문제를 고려해야 한다.

- 이 일이 하나님을 영화롭게 하는가?
- 이 일이 다른 사람들을 유익하게 하는가?
- 이 일이 나의 소명인가? 나는 이 일을 잘할 수 있고, 또 즐겁게 할 수 있는가?
- 이 일이 생계를 해결할 수 있는 일인가?
- 이 일이 경건하고 균형 있는 삶을 살아갈 수 있게 하는가?

하나님을 영화롭게 하는 일

하나님께서 우리를 창조하고 구원하신 목적은 우리를 통해 영광받으시기 위함이다. 이것이 우리의 존재 이유이다. 노동은 우리의 정체성에 큰 영향을 미치기 때문에, 죄를 짓게 만드는 관계나 활동에 참여하면 이 목적을 이루는 데 방해가 된다. 그래서 우리는 "나의 직업 여건이 성경이 가르치는 행위 기준을 벗어나게 만드는가?"라는 문제를 고려해야 한다. 예를 들어, 속임수를 써서 영업하거나 고용인을 관리하면서 함부로 대하는 것은 바람직하지 않다. 자기 자신에게 "목회자가 내가 일하는 곳에 찾아올 때 당황하지 않을 수 있을까?"라고 물어보라.

성경은 "너는 마음을 다하고 뜻을 다하고 힘을 다하여 네 하나님 여호와를 사랑하라"(신 6:5)라고 가르친다. 따라서 우리는 우리 자신에게 "나의 일을 통해 정직하고 순전한 마음으로 하나님을 영화롭게 할 수 있는가?" 하는 것을 물어야 한다.

다른 사람들을 유익하게 하는 일

기독교인은 다른 사람들을 유익하게 하는 일을 하거나 그런 물건을 생산하여 생계를 유지해야 한다. 예수님은 '하나님을 사랑하라'(신 6:5 참고)는 구약성경의 명령에 "네 이웃을 네 자신같이 사랑하라"(마 22:39)라는 명령을 덧붙이셨다. 따라서 기독교인은 다른 사람들을 유익하게 하지 못하는 일을 생계 수단으로 삼아서는 안 된다. 예를 들면, 아무 가치가 없거나 지나치게 비싼 물건을 속여서 판매하는 엉터리 영업 사원, 또는 다른 사람들을 유익하게 하겠다는 생각 없이 오직 자신이 보유하고 있는 주식을 팔고 사는 데만 온 힘을 쏟는 증권 시장의 단타 매매자(day trader, 당일치기 매매를 일삼는 투기가)가 되어서는 안 된다(물론 고객의 돈을 잘 운용하는 전문 지식을 갖춘 증권 거래인은 단타 매매자와는 다르다).

우리는 다양한 방법으로 우리의 은사와 재능을 이용해 다른 사람들을 유익하게 해야 한다. 기독교인은 비록 수입이 조금 적더라도 하나님을 영화롭게 하면서 다른 사람들을 유익하게 할 수 있는 일을 찾아야 한다. 예수님은 "너희가 하나님과 재물을 겸하여 섬기지 못하느니라"(마 6:24)라고 단호하게 말씀하신다.

소명 의식과 즐거움을 주는 일

사도들은 예수님을 섬기라는 부르심을 받은 사람들이다. 그들은 그 사실을 알고 있었다. 바울은 자신을 소개하면서 "예수 그리스도의 종

바울은 사도로 부르심을 받아 하나님의 복음을 위하여 택정함을 입었으니"(롬 1:1)라고 말했다(행 9:15 참고). 복음 사역자들은 자신의 일에 대해 그런 특별한 소명 의식을 가져야 한다. 목회자와 선교사들은 하나님이 자신을 사역자로 임명하셨다는 점을 의식하고, 그에 맞는 내적 동기와 영적인 준비를 갖추어야 한다. 또한 그들의 소명이 교회에 의해 확증되어야 한다.

다른 직업에 종사하는 사람들도 자신의 직업이나 경력에 관해 그와 비슷한 소명 의식을 가질 수 있다. 의사, 간호사, 소방관, 경찰관과 같은 직업에 종사하는 사람들은 뚜렷한 소명 의식을 가지고서 다른 사람들을 섬길 수 있다. 한편 그 밖의 직업에 종사하는 사람들의 경우에는 소명 의식이 분명하지 않을 수도 있다. 일반 기독교인들의 경우에는 특별한 소명에 대한 증표를 발견하지 못할 수도 있다. 그러나 크게 걱정할 필요는 없다. 그럴 때는 "내가 하는 일을 잘할 때 만족스러운가?"라고 물으면 된다. 이 질문에 긍정적으로 대답할 수 있다면, 창세기 2장의 명령에 부합하는 일을 하고 있다고 생각해도 괜찮다.

물질적인 필요를 채워 주는 일

독신이든 한 가정의 가장이든, 교회에 십일조를 내고 어느 정도 저축할 돈을 남겨 놓은 상태에서 생계를 유지하기가 곤란하다면, 다음의 두 가지 사항을 살펴야 한다. 첫째, "나의 경제적 능력에 비해 너무나 비현실적인 삶을 추구하고 있지는 않은가?"를 물어야 한다. 이 질문에 대해 그다지 무리하고 있다는 생각도 들지 않고, 또 물질에 대한 유혹도 강력하지 않다면, 둘째 질문을 던져 보라. "내가 일을 너무 적게 하는 이유는 무엇일까? 이 문제를 어떻게 해결해야 할까?"

경건하고 균형 있는 삶

일을 너무 적게 하는 사람들도 있지만, 너무 많이 하는 사람들도 있다. 삶의 균형이 깨질 정도로 일에만 몰두하는 사람들이 있다. 물론 앞서 말한 대로 이따금 늦게까지 일하거나 출장을 가야 할 때도 있다. 그러나 오랫동안 일에만 얽매여 가족과 친구, 교회 생활이나 하나님과 정기적으로 교제하는 시간을 등한시하게 된다면, 그것은 하나님께서 바라시는 바가 아니다.

직업의 변화

나에게 맞는 직업이나 경력은 시간이 지나면서 바뀔 수 있다. 나의 직업 변천사가 이 점을 증명하는 좋은 예이다.

우리 가족은 내가 대학에 입학하기 직전 여름에 미시간 주 디트로이트(Detroit)로 이사했다. 그곳은 한때 미국 자동차 산업의 중심지였지만, 그 무렵에는 이미 쇠퇴의 조짐을 보이기 시작했다. 나는 형과 함께 자동차 부품을 만드는 플라스틱 제조 회사에서 아르바이트를 시작했다. 세상을 위해 작지만 실질적으로 기여하는 정직한 일이었다. 그러나 일하기가 매우 힘들었다. 공장장은 우리가 대학생이라는 이유로 우리를 함부로 대했다. 우리는 노예나 다름없었다. 바울은 노예로 일하는 사람들도 하나님께서 정하신 뜻에 만족해야 한다고 가르쳤지만, "그러나 네가 자유롭게 될 수 있거든 그것을 이용하라"(고전 7:21)라고 덧붙였다. 그러다가 이내 다른 일거리가 생겼다. 형과 나는 공장 일을 그만두면서 두 번 다시 그런 일을 하지 않겠다고 다짐했다.

대학에 다니는 동안 여름이면 나는 조경과 관련된 아르바이트를 했다. 보수가 많지 않은 육체노동이지만, 밖에서 일하는 것이 좋았다. 보수가 조금 적은 것이 흠이었지만, 함께 일하는 동료들도 마음에 들었고, 우리가 이뤄 낸 일도 만족스러웠다. 그런데 육체노동에 종사하는 사람들과 함께 어울리다 보니 공부에 대한 열망이 더욱 커졌다. 팔다리를 움직이는 것만큼이나 생각과 열정을 자극할 수 있는 직업을 찾고 싶었다.

대학을 졸업한 뒤에 나는 미군에 입대했다. 아버지와 할아버지도 장교로 복무했고, 나도 대학에 다닐 때 학생군사교육단(ROTC) 장학금을 받았다. 나는 20대 초반에 전차 소대와 정찰대를 지휘하는 역할을 맡아 대부분 야전에서 생활했다. 나의 성격과 지도력을 갈고 닦을 수 있는 좋은 기회였다.

20대 중반에 접어들면서, 나는 내가 군대 생활을 진정으로 원하는지, 아니면 자연스레 아버지의 뒤를 따를 것인지를 고민하기 시작했다. 결국 후자라는 결론에 이르렀지만, 군대 생활을 조금 더 계속하기로 결정했다. 곧 결혼을 해서 정착해야 한다고 생각했기 때문이다. 그러나 거의 언제나 군사 작전을 수행해야 한다는 것이 문제였다. 규모가 더 큰 부대를 지휘하고 더 중요한 직책을 맡다 보니, 내가 원하는 '정착 생활'을 하기가 어려웠다.

그러다가 기회가 찾아왔다. 군대에서 나를 대학원에 보내 웨스트포인트(West point) 육군 사관 학교에서 사관후보생들을 가르치게 한 것이다. 그곳에서 지낸 두 해 동안 나에게는 매우 중요한 변화가 일어났다. 그리스도를 믿는 신앙을 갖게 되었고, 지금의 아내를 만나 그녀와 결혼하기로 약속했다. 그러나 나의 직업은 변하지 않았다. 그러다가 몇 년이 지나자 하나님은 나에게 군대 생활을 그만두고 목회자가 되라는 확신을 주셨다. 결국 나는 군대 생활을 접고, 전임 사역자로 헌신하는 놀라운 변화를 시도했다.

나와 비슷한 과정을 거치는 남자들이 많다. 보통 밑바닥에서부터 시작한다. 그렇게 힘든 육체노동과 낮은 임금을 경험하다 보면, 학교에서 공부를 열심히 하게 되고, 좀 더 많은 보상이 뒤따르는 직업을 갖기 위해 준비하게 된다. 우리는 즐겁고 흥미롭게 일할 수 있을 뿐만 아니라 아내와 가족을 잘 부양할 수 있는 직업을 선택하기 위해 노력한다. 때로는 하나님께서 우리의 삶에 관여하여 삶의 방향을 인도해 주시기도 한다. 그럴 때는 기도하면서 주님의 인도를 따라야 한다.

하나님을 기쁘시게 하기 위해 일하라

에릭 리델(Eric Liddell)은 스코틀랜드의 달리기 선수였다. 기독교인이었던 그는 주일에 경기가 열린다는 이유로 1924년의 파리 올림픽에 출전하지 않았다. 올림픽에서 리델이 보여 준 대담한 태도를 소재로 만든 영화가 '불의 전차(Chariots of Fire)'이다. 이 영화에서는 그가 자기 누이에게 "나는 달릴 때 하나님의 기쁨을 느껴"라고 말하는 대사가 나온다. 기독교인들은 대개 "하나님의 기쁨을 느끼느냐 하는 것이 우리가 그분의 뜻대로 행하고 있는지를 판가름하는 시금석이다"라는 의미로 그 대사를 인용하곤 한다. 물론 그렇게 받아들여도 문제 될 것은 없다. 그러나 그런 식의 판단 기준은 전적으로 "내가 어떻게 느끼는가" 하는 인간의 감정에 초점을 맞춘다. 사실 그 대사에서 가장 중요한 것은 "하나님의 기쁨"이라는 두 마디이다. 리델은 타고난 재능을 통해 하나님을 영화롭게 하려고 노력했다. 그의 행동에서 가장 중요한 것은 그가 하나님의 기쁨을 느끼느냐가 아니라 그가 하나님을 기쁘시게 하느냐 하는 것이었다. 기독교인 남성은 하나님이 주신 능력을 최대한 활용하여 노동함으로써 그분을 기쁘시게 해야 한다.

노동을 통해 하나님을 영화롭게 하는 가장 좋은 방법은, 무슨 일을 하든, 또 스스로 선택한 일에서 어떤 위치에 이르렀든, 우리가 하는 모든 일을 그분께 온전히 바치는 것이다. 우리는 무슨 일을 하든지 하나님을 기쁘시게 하는 것을 목표로 삼아야 한다. 바울은 "무엇을 하든지 말에나 일에나 다 주 예수의 이름으로 하고 그를 힘입어 하나님 아버지께 감사하라"(골 3:17)라고 당부한다.

윗사람들을 잘 섬기라

21세기를 살아가는 기독교인 근로자는 바울이 골로새교회 신자들에게 가르친 말씀에 귀를 기울여야 한다. 그는 이렇게 말했다.

"종들아 모든 일에 육신의 상전들에게 순종하되 사람을 기쁘게 하는 자와 같이 눈가림만 하지 말고 오직 주를 두려워하여 성실한 마음으로 하라. 무슨 일을 하든지 마음을 다하여 주께 하듯 하고 사람에게 하듯 하지 말라. 이는 기업의 상을 주께 받을 줄 아나니 너희는 주 그리스도를 섬기느니라"(골 3:22-24).

학교생활도 일종의 일이다. 그러므로 나는 웨스트포인트에서 지내던 시절의 일화를 들어 이 점을 설명하고자 한다. 내가 가르치는 학급에는 열심 있는 기독교인이자 성경공부 지도자로 활동했던 사관후보생이 한 명 있었다. 그는 내가 기독교인이라는 사실을 알고는 낙제한 과목을 공부하는 것보다 성경을 공부하는 것이 더 중요하지 않느냐는 식으로 말하면서 자신을 이해해 주기를 바랐다. 그러나 나는 그의 생각을 받아 주지 않았다.

그 사관후보생은 잘못된 신앙관을 가지고 있었다. 그는 상대가 기독교인이라는 사실을 빌미로 자신의 게으름과 일의 우선순위를 뒤바꾼 행위를 변명하려 했다. 그는 단지 사람을 기쁘게 하려는 사람일 뿐이었다. 나는 그를 부동자세로 세워 놓고 한차례 꾸짖고 나서, 학생으로서의 의무를 소홀히 하는 것은 주님을 욕되게 하는 것이라고 충고했다. 학생이든 고용인이든, 우리가 이미 인정하고 있을 뿐만 아니라 다른 사람들이 우리에게 기대하는 의무를 소홀히 여긴다면 결코 하나님을 영화롭게 할 수 없다.

아랫사람들을 잘 이끌라

설교자는 설교를 잘 준비하여 전함으로써 회중을 유익하게 해야 한다. 물론 회중을 고려하지 않은 채 말씀을 전하는 설교자는 하나님을 기쁘시게 할 수 없다. 그러나 설교자는 다른 누구보다도 하나님을 기쁘시게 하는 설교를 해야 한다. 설교자는 회중이 좋아할지 싫어할지를 생각하기 전에 충실한 말씀 사역자로서 하나님께 인정받으려고 애써야 한다.

마찬가지로 고용주나 관리자의 일차적인 의무도 고용인의 행복과 안전에 초점을 맞춘 정책이나 목적을 추구하는 것이 아니다. 고용주나 관리자는 고용인들이 각자 은사와 재능에 적합한 일을 함으로써 유익하고도 의미 있는 생산 활동에 종사하는 것이 하나님의 뜻임을 기억해야 한다. 이 점은 고용, 훈련, 직책 배정, 보상 체계에 큰 영향을 미친다.

일상생활 속에서 다른 사람들을 사랑하라

모든 일을 '하나님께 하듯' 하는 태도는 일상생활에서 다른 사람들을 대하는 태도에도 적용된다. 예수님은 마지막 심판 때에 주님의 이름으로 다른 사람들을 도운 사람들을 칭찬하리라고 말씀하셨다.

"내가 주릴 때에 너희가 먹을 것을 주었고 목마를 때에 마시게 하였고 나그네 되었을 때에 영접하였고 헐벗었을 때에 옷을 입혔고 병들었을 때에 돌보았고 옥에 갇혔을 때에 와서 보았느니라. 이에 의인들이 대답하여 이르되, 주여 우리가 어느 때에 주께서 주리신 것을 보고 음식을 대접하였으며 목마르신 것을 보고 마시게 하였나이까. 어느 때에 나그네 되신 것을 보고 영접하였으며 헐벗으신 것을 보고 옷 입혔나이까. 어느 때에 병드신 것이나 옥에 갇히신 것을 보고 가서 뵈었나이까 하리니, 임금이 대답하여 이르시되, 내가 진실로 너희에게 이르노니 너희가 여기 내 형제 중에 지극히 작은 자 하나에게 한 것이 곧 내게 한 것이니라 하시고"(마 25:35-40).

하나님을 위해 일하는 기독교인은 그분이 다른 사람들을 대하는 우리의 태도를 항상 눈여겨 바라보신다는 사실을 기억해야 한다. 이 사실을 기억해야 진실함과 순전함과 친절함과 사랑으로 하나님을 영화롭게 하는 것을 우리의 기쁨으로 삼을 수 있다. 예수님은 우리가 장차 하나님 앞에 서게 될 때, 우리의 업적이나 명예나 우리가 쌓아 둔 재물이 아니라, 날마다 얼마나 겸손하게 하나님을 영화롭게 하고 얼마나 성실하게 다른 사람들을 섬기면서 살았는지를 살펴보실 것이라고 가르치셨다.

한 사람의 청중

내가 종종 떠올리고 묵상하는 일화가 하나 있다. 나는 그 일화를 통해 많은 도움을 받곤 한다. 재능이 뛰어난 젊은 피아니스트가 카네기 홀(Carnegie Hall)에서 첫 연주를 할 때의 일이다. 그의 연주는 참으로 훌륭했다. 그가 연주를 마치고 무대에서 나가자 청중은 환호성을 질렀다. 인심 좋은 사회자는 그 젊은 피아니스트에게 앙코르에 응하라고 말했다. 그러나 그는 거부했다. 사회자는 "저 휘장 밖을 보세요. 모두가 당신에게 열광하고 있습니다. 어서 앙코르에 응하세요"라고 말했다. 그러자 젊은 피아니스트는 "왼쪽 발코니에 있는 노인 한 분이 보이십니까?"라고 물었다. 사회자는 그곳을 바라보면서 보인다고 대답했다. 그러자 피아니스트는 "그는 자리에 앉아 있습니다. 그가 일어나 환호하기 전까지는 앙코르에 응할 수 없습니다"라고 말했다. 사회자는 그 말에 다소 상기된 어조로 "일어서지 않은 사람이 고작 한 사람뿐인데 앙코르를 거부할 셈입니까?"라고 말했다. 그러자 피아니스트는 "저 노인은 저의 피아노 선생님이십니다. 그분이 일어서야만 제가 앙코르에 응할 수 있습니다"라고 대답했다.

이 일화는 세상의 칭찬을 추구하지 말고, 오직 하나님 한 분을 위해 살아야 한다는 교훈을 일깨워 준다. 온 세상이 우리를 대적하더라도 하나님께서 우리의 일을 기뻐하신다면, 우리는 만족할 수 있다. 반면 온 세상이 환호성을 지르며 우리에게 온갖 것으로 보상한다고 하더라도,

하나님께서 기뻐하시지 않는다면, 우리는 당연히 우리의 선택을 다시 생각해야 한다. 물론 그 젊은 피아니스트는 자기 스승만을 위해 연주하지 않았다. 그는 그곳에 있는 모든 청중을 즐겁게 하기 위해 연주했다. 그러나 그는 스승의 인정과 칭찬이 자신이 진정으로 바라는 보상이라는 것을 잘 알고 있었다. 하나님의 사람도 마땅히 그래야 한다.

감사하게도, 예수 그리스도의 은혜 안에서 우리를 '사랑을 받는 자녀'(엡 5:1)로 받아 주신 하나님은 냉혹하고도 까다로우신 분이 아니다. 앞의 일화를 듣고서 하나님을 기쁘시게 할 수 없다는 식으로 추론해서는 안 된다. 앞의 일화는 성경에 기록된 하나님의 기준을 성공의 궁극적인 척도로 삼아야 한다는 교훈을 가르칠 뿐이다. 우리는 믿음으로 하나님의 영광과 이웃의 행복을 위해 일해야 한다.

진실한 마음으로 하나님을 충실하게 섬기고, 하나님께서 우리에게 맡기신 일을 통해 그분께 영광을 돌리며, 우리를 모든 죄와 허물에서 깨끗하게 하시는 그리스도의 보혈을 의지한다면, 주님으로부터 칭찬을 받게 될 것이다. 주님이 우리의 머리에 어떤 면류관을 씌워 주시든, 우리는 즐거운 마음으로 그것을 그분의 발 앞에 다시 돌려드릴 것이다. 우리에게 주님은 오직 한 분뿐인 청중이시다. 우리가 다른 사람들을 섬기는 목적도 하나님께 영광을 돌리고 그분을 기쁘시게 하기 위함이다.

묵상과 나눔을 위한 질문

1. 사람들이 당신이 하는 일과 당신의 정체성을 서로 연관시켜 생각한다고 느낀 적이 있는가? 당신의 직업(또는 장래의 직업을 준비하기 위한 전공)은 당신을 어떤 사람으로 제시하는가?

2. 저자는 인류가 타락한 결과 남자의 일이 힘들고 어려워졌다고 말했다. 당신의 경험은 어떤가? 일을 하면서 어떤 점에 대해 실망하는가? 가정생활과 직업 활동에 모두 충실하기 위해 그 둘의 긴장 관계를 어떻게 풀어 가고 있는가?

3. 저자는 남자가 일하기 위해 창조되었다고 말한다. 일하는 것이 즐거운가? 이 책을 통해 성경의 가르침을 알고 나서 일에 대해 새롭게 생각하게 되었는가?

4. 아직 학교에 다니고 있다면, 장래의 직업을 위해 어떻게 준비하고 있는가? 일하라는 소명에 충실하기 위해 구체적으로 어떻게 기도해야 하겠는가?

5. 당신의 직업을 어떻게 생각하는가? 이 책에서 제시하는 일에 대한 평가 기준이 당신의 직업을 평가하는 데 도움을 주는가? 당신이 하는 일이 하나님을 영화롭게 하고, 다른 사람들을 유익하게 하는가? 목회자가 당신의 일터를 방문하는 것을 기꺼이 허용할 수 있는가? 당신이 직업 활동을 통해 하나님을 더욱 기쁘시게 하려면 어떤 변화가 필요한가? 고용주의 기대와 하나님의 기대가 충돌할 때 그 갈등을 해결하려면 어떻게 해야 하겠는가?

Chapter 4
하나님의 형상으로 창조된 인간

대답하기 어려운 질문을 하나 하겠다. 성경이 하나님의 형상을 만드는 것을 금지하는 이유는 무엇일까? 그 이유는 하나님께서 인간에게 자신의 형상을 만들지 말고, 그 형상을 나타내라고 명령하셨기 때문이다. 성경이 인간에 관해 처음으로 가르친 내용을 읽어 보자.

"하나님이 이르시되 우리의 형상을 따라 우리의 모양대로 우리가 사람을 만들고……하나님이 자기 형상 곧 하나님의 형상대로 사람을 창조하시되 남자와 여자를 창조하시고"(창 1:26,27).

인간이 하나님의 형상을 지녔다는 것은 무슨 의미일까? 그것은 높은 산들이 하나님의 장엄하심을 드러내고, 일렁이는 바다가 그분의 능력을 보여 주며, 날갯짓하는 새들이 그분의 탁월한 솜씨를 나타내고, 포효하는 짐승들이 그분의 위엄을 알리는 이 광대한 피조세계 안에서 하나님께서 인간을 창조하여 그로 하여금 하나님의 영광을 널리 알리게 하셨다는 것을 의미한다. 그래서 '웨스트민스터 소요리문답'은 "인간의 주된 목적은 무엇인가?"라고 묻고, "인간의 주된 목적은 하나님을 영화롭게 하고 그분을 영원토록 즐거워하는 것이다"라고 대답한다. 한마디로, 인간은 하나님을 영화롭게 하고, 그분을 아는 지식 안에서 영원히 기뻐해야 한다.

하나님께서 사실상 아담과 하와에게 "나의 형상을 드러내라"라고 말씀하신 것이나 다름없다. 비록 인간이 지닌 하나님의 형상은 죄로 인해 손상되고 훼손되었지만, 세상에서 하나님의 형상을 드러내야 할 인간의 소명은 변하지 않았다. 오늘날 모든 인간은 어느 정도 하나님의 형상을 지니고 있다. 그러나 기독교인은 하나님의 은혜로 그분의 형상을 더 많이 지니게 되었고, 삶을 통해 그 형상을 더 많이 드러내라는 소명을 받았다.

타락한 아담이 에덴동산에 있는 동안, 하나님은 메시아를 약속하셨다. 메시아의 목적은 자신의 피로 인류를 구속하여 그들이 삶을 통해 하나님께 영광을 돌리게 하고, '웨스트민스터 소요리문답'의 표현대로 그분을 영원토록 즐거워하게 하려는 것이었다(메시아는 자신의 목적을 온전히 이루셨다). 기독교인은 주님의 보혈로 구원받았기 때문에 하나님의 형상을 드러낼 수 있다. 우리가 구원받지 못했다면, 하나님의 형상을 드러낼 수 없을 것이다. 그래서 메시아이신 예수님은 "이같이 너희 빛이 사람 앞에 비치게 하여 그들로 너희 착한 행실을 보고 하늘에 계신 너희 아버지께 영광을 돌리게 하라"(마 5:16)라고 말씀하셨다. 기독교인은 죄에서 구원받은 사람들이기 때문에 고귀한 소명을 이루어야 한다.

믿지 않는 사람들은 자신을 찾으려고 애쓰며, 세상에서 자신의 성공을 자랑한다. 그러나 예수 그리스도를 통해 죄에서 구원받은 사람들은 자아의 속박에서 해방되어 범사에 하나님의 영광을 위해 살아가야 한다. 우리는 삶을 통해 다른 사람들, 곧 친구들과 가족과 동료들이 그리스도 안에 나타난 하나님의 진리와 은혜를 볼 수 있도록 이끌어야 한다. 그들에게 그리스도를 통해 구원을 받으라고 권해야 한다. 다른 사람들이 우리를 통해 하나님의 영광과 그분의 은혜와 신실하심과 능력을 보는 것, 바로 그것이 우리의 삶의 가장 중요한 목적이요 가장 큰 소원이다.

하나님의 형상을 드러내라

인간이 하나님의 형상으로 빚어졌다는 것은 무슨 의미일까? 우리는 어떻게 세상에서 하나님의 형상을 드러낼 수 있을까? 이 물음에 대해 간단히 세 가지로 대답하겠다.

인간은 이성과 영성을 지닌 존재로 창조되었다

인간은 이성과 영성이라는 이중의 본성을 지녔다는 것이 전통적인 견해이다. 오직 인간만이 하나님을 예배할 수 있고(영성), 다른 피조물들을 뛰어넘는 추론 능력을 지니고 있다(이성). 다른 피조물의 능력이 아무리 뛰어나다고 해도 인간보다 뛰어날 수는 없다. 이 두 가지 본성이 인간과 동물을 구별한다. 이것이 인간이 하나님의 형상을 지녔다는 말의 첫째 의미이다.

인간은 피조세계를 다스리는 권한을 부여받았다

하나님은 인간에게 피조세계를 다스리는 권한을 부여하셨다. 창세기 1장에서는 인간이 하나님의 형상대로 창조되었다고 증언하면서, '그들로 바다의 물고기와 하늘의 새와 가축과 온 땅과 땅에 기는 모든 것을 다스리게' 하셨다고 밝힌다(26,27절 참고).

하나님의 형상을 지닌 인간은 땅을 다스리고, 땅에 충만해야 한다. 예수님이 가르쳐 주신 대로, 우리는 "나라가 임하시오며 뜻이 하늘에서 이루어진 것같이 땅에서도 이루어지이다"(마 6:10)라고 기도해야 한다. 우리는 하나님의 뜻을 이루는 대리자가 되어야 한다. 우리는 하나님의 대리자로서 세상을 다스리며, 살아 있는 모든 피조물에게 하나님의 권위를 행사해야 한다. 인간은 하나님을 대신해 피조세계를 다스리도록 창조되었다. 하나님의 뜻을 행함으로써 세상에서 그분의 형상을 드러내는 것이 인간이 창조된 목적이다.

인간은 본래의 의로움을 나타내야 한다

하나님의 형상으로 창조된 인간은 아담이 본래 지니고 있던 의로움을 나타내야 한다. 처음에 인간은 (비록 죄를 지을 가능성은 있었지만) 죄 없는 상태로 창조되었다. 그래서 신약성경은 아담을 가리켜 하나님의 아들이라고 말한다(눅 3:38 참고). 아담은 하나님의 형상을 지녔기 때문에 의로움을 나타낼 수 있었다. 그러나 타락하여 의로움을 잃고 말았다. 하나님의 은혜로 거듭난 신자는 '거룩한 자'라고 불린다. 이는 완전한 상태라는 뜻이 아니라 타락하기 전에 에덴동산에서 살았던 아담처럼 하나님을 위해 구별되었다는 뜻이다. 조금 전에 말한 대로, 그리스도를 통해 구원받은 사람은 구원받지 못한 사람들과는 달리 세상에서 하나님의 대리자로 살아갈 수 있다. 그것이 기독교인의 소명이다.

하나님을 나타내는 것이 신자의 소명이다

지금까지 하나님의 형상을 지녔다는 것이 무슨 의미인지를 세 가지로 설명했다. 이 점을 이해하면, 복종하는 삶을 살 수 있다. 우리는 세상에서 하나님을 나타내라는 소명을 받았다. 우리는 그 소명을 힘써 추구해야 한다.

바울은 기독교인의 새로운 본성에 관하여 말하면서 "새사람을 입었으니 이는 자기를 창조하신 이의 형상을 따라 지식에까지 새롭게 하심을 입은 자니라"(골 3:10)라고 설명한다. 또한 죄를 버리라고 권고하면서 "이제는 너희가 이 모든 것을 벗어 버리라. 곧 분함과 노여움과 악의와 비방과 너희 입의 부끄러운 말이라"(골 3:8)라고 말하고, "너희가 서로 거짓말을 하지 말라. 옛사람과 그 행위를 벗어 버리고"(골 3:9)라고 덧붙인다. 의로움을 나타내 하나님의 형상을 드러내면 우리의 태도와 행위가 하나님을 더욱더 닮을 수 있다. 하나님은 "내가 거룩하니 너희도 몸을 구별하여 거룩하게 하고"(레 11:44)라고 말씀하신다. 이 말씀은 하나님의 형상을 지녔다는 것이 도덕적인 측면을 지녔다는 것임을 암시한다.

기독교인은 노동(3장)과 자아(4장)와 관계(5장)를 통해 하나님을 알고 영화롭게 하는 삶을 살아야 한다. 우리는 구원받은 백성으로서 하나님의 형상을 드러내야 한다. 이보다 더 감격스러운 일이 또 어디에 있겠는가? 우리의 삶의 목적은 재물을 쌓는 것도 아니고(재물은 죽은 뒤에는 다른 사람들의 소유가 된다), 쾌락이나 여흥을 즐기는 것도 아니며(이것은 하나님이 아닌 자아를 숭배하는 것이다), 세상의 권력을 취하는 것도 아니다(권력은 오래가지 못한다). 우리의 삶의 목적은 죄로 어두워진 세상에 하나님의 영광을 나타냄으로써 하나님이 찬양을 받으시고, 죄인들이 주님을 아는 지식을 통해 구원을 받도록 이끄는 것이다. 우리의 행동과 성품을 통해 하나님의 영광과 은혜를 나타내는 것이 바로 우리 삶의 목적이다.

행동으로 하나님의 영광을 드러내라

전투기 조종사, 영화배우, 운동선수처럼 출세해야만 의미 있고 가치 있는 삶을 살 수 있다는 생각을 버리라. 그리하면 우리의 삶에 큰 변화가 일어날 것이다. 세상은 사람들의 찬사를 받으며 멋진 인생을 살지 못하는 삶을 무의미한 삶으로 믿게 만든다. 안타깝게도 전쟁 영웅이나 유명한 운동선수나 재벌이 아니라는 이유로 자기 자신을 인생의 패배자로 여기는 기독교인들이 많다. 이런 생각은 우상 숭배나 다름없다. 그리스도의 종 로렌스 도우(Lawrence Dow)는 그렇지 않았다.

내가 그리스도를 처음 믿게 된 날 밤에 나와 로렌스는 처음으로 만났다. 그는 필라델피아 제10장로교회의 집사였다. 그날, 그는 예배당 문 앞에서 저녁 예배에 참여하고자 오는 신자들을 맞이했다. 그의 밝은 표정과 태도를 보니, 나를 진정으로 환영하고 반기는 것 같았다. 그때부터 몇 년을 보내면서 나는 로렌스와 친해졌다. 내 책상의 맞은편에 있는 책장에는 그의 사진이 놓여 있다. 그는 늘 겸손을 통해 세상에서 하나님의 영광과 은혜를 나타낼 수 있다는 사실을 일깨워 준다.

로렌스는 오랫동안 암과 싸우다가 세상을 떠났다. 그의 장례식이 기억난다. 장례 예배가 시작되기 오래전부터 예배당은 많은 조문객들로 붐볐다. 조문객이 얼마나 많았는지 필라델피아 시내 중심까지 주차 문제가 발생했다. 모두들 대통령이 도시를 방문하거나 정치인이나 재벌처럼 유명한 사람이 죽은 줄로 착각할 정도였다. 그러나 그 모든 일이 로렌스 때문에 일어났다. 로렌스는 교육을 제대로 받지 못한 나이 든 흑인이었고, 시내에 있는 호텔에서 문지기로 일했다. 그와 그의 가족은 빈민가로 알려진 곳에서 살았다.

그런데 로렌스의 장례식은 초만원을 이루었을 뿐만 아니라 시간도 매우 오래 걸렸다. 사람들은 저마다 로렌스가 하나님의 도구로 사용되어 자신들의 삶에 많은 영향을 미쳤다고 증언했다. 로렌스를 통해 그리스도를 믿게 된 사람들도 있었고, 처음 신앙을 가졌을 때 그에게서 배운 사람들도 있었다. 로렌스가 자신을 그리스도께로 인도했다고 말한 목회자도 세 명이나 있었다. 그들은 로렌스 때문에 주님을 섬길 수 있었노라고 말했다. 로렌스의 자녀들과 손자들도 그가 물려준 믿음과 신앙의 유산을 자랑했다. 그의 장례 예배는 참으로 감명 깊었다.

나중에 나는 동료 목회자의 사무실에 들렀다. 우리는 로렌스를 잘 알고 있었지만, 그의 장례식이 그처럼 성황리에 끝나자 놀라지 않을 수 없었다. 그의 장례식은 참으로 감격스러운 경험이었다. 우리는 매우 놀랐다. 잠시 침묵이 흐른 뒤에 동료 목회자가 나에게 "예수님께 온전히 헌신하는 사람을 통해 하나님께서 어떻게 역사하시는지를 분명히 알게 되었습니다"라고 말했다. 그런 역사가 일어난 것은 로렌스가 겸손하고 경건하게 살았기 때문이다. 그의 이야기는 우리에게 행동을 통해 하나님의 영광과 은혜를 드러냄으로써 삶의 의미를 찾아야 한다는 교훈을 깨우쳐 준다.

로렌스 도우는 어떻게 하나님의 영광과 은혜를 드러냈는가? 그리고 우리는 어떻게 세상에서 하나님의 영광을 드러내야 하겠는가? 로렌스는 복음 사역에 온전히 헌신했다. 그는 성경의 관점으로 세상과 사람들을 바라보았다. 그는 부유한 사람이나 가난한 사람, 흑인이나 백인, 신분이 높은 사람이나 낮은 사람을 보지 않았다. 그는 구원이 필요한 죄인들을 보았을 뿐이다. 그는 죄에 시달리는 사람들이 용서받기를 원했다. 그는 무기력하게 죄에 속박되어 있는 사람들이 주님에게서 힘을 얻기를 바랐다. 그는 사람들이 예수님을 믿는 믿음으로 말미암아 구원받고, 그리스도의 복음을 듣고 용서받고, 기도와 성경 말씀으로 영적 힘을 얻기를 원했다. 그는 영적인 문제에 시간과 관심을 온전히 쏟아 부었다. 그는 하나님의 섭리 가운데 인생에서 만나게 된 사람들에게 기독교의 진리와 사랑을 베풀었다.

이런 사실이 신자들에게 주는 교훈은 무엇일까? 신자는 경기에 참여해야 한다. 여기서 경기란, 텔레비전에서 방송되는 운동 경기가 아니라 우리 주위에 있는 영혼들을 위한 믿음의 경주를 가리킨다. 즉, 우리는 자신의 믿음을 강화하고 하나님 앞에 가까이 나아감으로써 다른 사람들을 굳건히 세우는 도구가 되어야 한다. 주님이 주신 은사를 이용해 교회에서 열심히 봉사해야 한다. 하나님의 섭리 가운데 인생에서 만나게 되는 사람들에게 영적인 복을 전하려고 노력해야 한다. 낙심한 사람을 만날 때는 하나님의 말씀으로 용기를 북돋아 주고, 혼란스러워하는 사람을 만날 때는 나아가야 할 방향을 제시해 주어야 한다. 사람들의 신분이 높고 낮음을 따지지 말고, 그들이 한 사람으로서 겪고 있는 일에만 관심을 기울여 은혜가 필요한 사람들에게 복음의 진리와 그리스도의 사랑을 전해야 한다.

　신자가 세상에서 하나님의 영광을 드러내는 방법을 몇 가지 살펴보자. 이웃이 새로 이사를 왔다고 가정해 보자. 그리스도를 전할 수 있는 기회가 찾아온 셈이다. 그 사람을 위해 기도하면서 기회를 틈타 복음을 전하라. 이웃을 식사에 초대하고, 주님이 어떻게 역사하시는지를 지켜보라. 처음에는 아무 일도 일어나지 않겠지만, 차츰 그가 우리가 사랑 많은 기독교인이라는 사실을 알게 되거나 우리의 초청을 받아들여 교회에 나와 그리스도를 영접하게 될 수도 있다. 그러면 우리는 그 사람의 믿음이 성장하도록 도와줄 수 있다.

　예를 하나 더 들어 보자. 잘못된 결정을 내리려고 하는 친구가 있다고 가정해 보자. 무관심한 태도로 옆에서 지켜보지만 말고, 가까이 다가가 관심을 보이면서 함께 기도하고 성경을 공부하자고 권유하라. 처음에는 거절할 수도 있다. 그러나 결국 우리를 우정과 도움을 베푸는 좋은 친구로 생각하고 하나님께 감사하게 될 것이다. 그에게 하나님의 사랑을 일깨워 주면, 그의 삶에 선한 영향을 미칠 수 있다. 우리는 이런 식으로 친구에게 하나님의 형상을 드러낼 수 있고, 이 세상에서 그분의 영광을 나타낼 수 있다.

　신자는 어떤 식으로든 하나님의 사역에 참여해야 한다. 나는 하나님의 사역을 우리의 '가업'으로 생각한다. 세상을 처음 창조하셨을 때, 하나님은 아담에게 노동을 요구하셨다. 그분은 동산을 더욱 풍요롭게 가꾸어 온 세상에 그 복을 퍼뜨리라고 명령하셨다. 오늘날 우리가 해야 할 하나님의 사역은 복음을 전하는 것이다. 우리는 잃어버린 죄인들에게 주님의 구원의 은혜를 전해야 한다.

예수님은 자신을 의심하는 바리새인들에게 "아버지께서 내게 주사 이루게 하시는 역사 곧 내가 하는 그 역사가 아버지께서 나를 보내신 것을 나를 위하여 증언하는 것이요"(요 5:36)라고 말씀하셨다. 주님의 말씀이 무슨 뜻인지 알겠는가? 예수님은 하나님께서 자신에게 맡기신 바 세상에서 복음의 진리와 사랑을 전하는 사역을 행함으로써 그분에 관한 진리를 나타낸다고 말씀하신 것이다. 예수님의 종인 우리도 은혜를 전하는 사역을 행해야 한다. 그리하면 하나님과 우리의 관계가 더욱 돈독해지고, 세상에서 하나님의 영광을 드러낼 수 있다. 로렌스 도우처럼 우리도 세상 사람들이 보기에는 보잘것없고 미약하지만, 그리스도의 이름으로 복음을 전하고 하나님의 형상을 나타낸다면, 참으로 가치 있는 삶을 살아갈 수 있을 것이다.

성품으로 하나님의 영광을 드러내라

나는 많은 성경 구절들을 좋아한다. 그중에서 특히 내가 좋아하는 성경 구절은 고린도후서 3장 18절이다.

"우리가 다 수건을 벗은 얼굴로 거울을 보는 것같이 주의 영광을 보매 그와 같은 형상으로 변화하여 영광에서 영광에 이르니 곧 주의 영으로 말미암음이니라."

여기서 바울은 모세의 경험과 우리의 경험을 비교하면서 우리가 모세보다 더 큰 특권을 누린다는 사실을 상기시켜 준다. 무엇보다 우리는 메시아이신 예수님이 이루신 구원 사역과 구원의 의미를 더욱 온전히 이해한다. 이 말씀대로 모세가 누릴 수 없었던 구원의 은혜를 누리는 것이다.

모세는 시내산에서 하나님과 만난 뒤에 수건으로 얼굴을 가린 채 이스라엘 백성 앞에 나타났다. 왜냐하면 그의 얼굴에서 하나님의 영광이 찬란하게 빛났기 때문이다. 모세의 얼굴에 나타난 영광은 시간이 지나자 사라졌다. 그러나 새 언약은 그렇지 않다. 우리도 모세처럼 말씀의 빛을 통해 하나님의 영광을 본다. 그러나 모세와는 달리, 우리가 본 하나님의 영광은 갈수록 더욱 찬란해져 '그와 같은 형상으로 변화'한다. 하나님께서 자신의 영광을 갈수록 더욱 빛나게 만드신다. 그분은 성령의 사역을 통해 우리를 점점 더 거룩하게 만드심으로써 자신의 영광을 드러내신다.

내 인생에서 가장 즐거운 일 중 하나는 차츰 거룩해지는 것이다. 성경은 내 안에서 하나님의 영광이 점점 더 크게 나타나는 과정을 '성화'라고 일컫는다. 아직도 개선해야 할 점이 많지만, 10년 전의 나를 돌아보면 하나님께서 내 안에서 어떻게 역사하셨는지를 알 수 있다. 사실 10년 전의 나를 생각하면 몹시 부끄럽다. 앞으로 10년이 흘러 지금의 나를 돌아보면, 그때에도 몹시 부끄러울 것이 틀림없다. 이렇게 하나님께서 내 안에서 성령의 능력으로 역사하여 자신의 형상을 더욱 닮아가게 하신다고 생각하면 참으로 즐겁다. 나는 지금 이 상태로 머물러 있지 않는다. 내 안에 있는 하나님의 영광은 성령의 능력으로 드리는 기도와 말씀을 통해 갈수록 밝히 드러난다.

신약성경은 "하나님이 미리 아신 자들을 또한 그 아들의 형상을 본받게 하기 위하여 미리 정하셨으니 이는 그로 많은 형제 중에서 맏아들이 되게 하려 하심이니라"(롬 8:29)라고 말한다. 이런 역사가 어떻게 일어날까? 우리가 어떻게 갈수록 영광스럽게 변화될까? 하나님은 '은혜의 수단'을 통해 신자의 삶에 복을 베푸시고, 영적으로 성장하게 하시리라고 약속하셨다. 은혜의 수단이란, 성경 말씀과 기도와 성례이다. 그리스도의 형상을 본받고, 구원의 복을 더 많이 누리려면 은혜의 수단을 부지런히 활용해야 한다.

① 하나님의 말씀을 통한 변화

바울은 자신의 서신 중에서 가장 긴 로마서에서 "너희는 이 세대를 본받지 말고 오직 마음을 새롭게 함으로 변화를 받아 하나님의 선하시고 기뻐하시고 온전하신 뜻이 무엇인지 분별하도록 하라"(롬 12:2)라고 말하면서 성경공부를 독려한다. 말씀을 통해 규칙적으로 하나님과 교제하고, 그분의 교훈을 배우고, 그분의 영광스런 진리를 묵상하는 것보다 더 좋은 것은 없다.

시편 1편은 하나님의 말씀을 기뻐하며 주야로 묵상하는 사람에 대해 "시냇가에 심은 나무가 철을 따라 열매를 맺으며 그 잎사귀가 마르지 아니함 같으니 그가 하는 모든 일이 다 형통하리로다"(시 1:3)라고 말한다. 성경 말씀을 따르는 사람보다 우리의 삶에 더 강한 영향을 미치는 존재는 없다. 하나님의 말씀은 생명을 주며, 우리의 마음과 생각을 새롭게 한다(시 19:7-11 참고).

또한 예수님은 "너희가 내 말에 거하면 참으로 내 제자가 되고, 진리를 알지니 진리가 너희를 자유롭게 하리라"(요 8:31,32)라고 말씀하신다. 즉, 성경 말씀을 온전히 따르라고 강조하신다.

② 기도를 통한 변화

기도하는 것도 영적 성장의 필수 요소 가운데 하나이다. 힘써 기도하지 않으면, 하나님께서 크게 사용하시는 도구가 될 수 없다. 기도는 특히 하나님의 능력으로 우리의 마음을 변화시키고, 죄의 흔적을 없애도록 돕는다. 예수님은 이 점을 염두에 두시고, "구하는 이마다 받을 것이요 찾는 이는 찾아낼 것이요 두드리는 이에게는 열릴 것이니라"(눅 11:10)라고 말씀하셨다. 우리가 좋아하는 운동 팀을 위해 기도하라는 뜻이 아니다. 이 말씀은 기도가 죄를 버리고 경건한 성품을 갖추고자 노력하는 신자들이 사용할 수 있는 하나님의 능력이라는 뜻이다. 그래서 예수님은 가르침을 마무리하시면서, "너희 하늘 아버지께서 구하는 자에게 성령을 주시지 않겠느냐"(눅 11:13)라고 말씀하신다. 우리는 기도로 우리의 마음을 주님께 열고, 그리스도를 더욱 닮으려고 노력하며, 어떤 면에서 성화되어야 하는지를 깨닫게 해 달라고 간구해야 한다. 그리하면 신실하신 하나님께서 우리가 은혜 안에서 성장할 수 있도록 영적인 능력을 아낌없이 베풀어 주실 것이다.

내 이야기를 하려고 하니 조금 부끄럽지만, 신앙생활을 막 시작할 무렵의 일을 한 가지 이야기해 주고 싶다. 군대에 있던 시절 나에게는 담배를 씹는 못된 습관이 있었다. 나는 군대 생활에 뒤따르는 육체적 어려움을 이겨 낼 자극제가 필요하다는 이유로 담배를 씹기 시작했다. 특히 지휘관들은 잠을 자지 못하고 견뎌야 할 때가 많았다. 나는 담배를 씹으면 좀 더 멋있고 남자다워 보일 것이라고 착각했다. 서른 살이 되어 신앙생활을 시작할 무렵에 나는 담배를 씹는 것에 심하게 중독되어 있었다. 그로부터 몇 년 뒤, 하나님은 나를 목회자로 부르셨다. 나는 군대 생활을 그만두고 신학교에 들어갔다. 그러나 그때에도 나는 여전히 담배를 씹었다.

나는 담배를 씹는 데 너무 심각하게 중독되었고, 건강도 몹시 걱정스러웠을 뿐 아니라 목회자가 담배를 즐기는 것이 부끄러워서 담배를 끊기로 결심했다. 일단 무작정 담배를 끊었다. 처음 몇 주는 담배를 씹지 않고서도 견딜 수 있었다. 그러나 몸이 피곤하거나 마음이 태만해지거나 우울해질 때는 차를 몰고 편의점에 들러 작고 둥근 담뱃갑을 손에 쥔 채 죄책감을 느끼면서 집에 돌아와야 했다. 얼마 지나지 않아 내 힘으로는 담배를 절대 끊을 수 없다는 생각이 들었다. 몸이 니코틴에 중독된 상태였기 때문이다. 물론 육체만이 아니라 마음까지도 중독되어 있었다. 나는 담배를 미워하면서도 또한 사랑했다. 내 의지만으로는 도저히 담배를 끊을 수가 없었다.

아담으로 말미암아 우리 안에 죄가 거하고 있기 때문에 일반인은 물론 기독교인들까지도 뿌리 깊은 죄의 습관에 빠질 때가 많다. 그렇게 우리가 극복할 수 없는 죄가 있을 때는 어떻게 해야 할까? 혹시 자신에게 죄의 습관이 있는가? 그것이 분노인가, 시기심인가, 게으름인가, 아니면 정욕인가, 음란인가? 우리 스스로 그리스도의 형상을 본받을 수 있을까? 절대 그럴 수 없다. 우리는 너무나 약하고, 죄는 너무나 강하다. 믿음이 있고, 또 마음에 하나님의 말씀을 간직하고 있더라도, 우리에게는 육신을 다스릴 능력이 없다.

특정한 죄에 묶여 있다는 사실을 깨달았다면 어떻게 해야 할까? 그리스도를 믿는 믿음으로 하나님의 자녀가 된 우리는 기도로 주님께 도움을 구해야 한다. 나도 그랬다. 나는 이렇게 기도했다. "주님, 담배를 끊는 것이 주님의 뜻인줄 압니다. 그러나 저는 그렇게 할 수가 없습니다. 그리스도의 이름으로 구하오니, 담배 중독에서 벗어날 수 있도록 도와주옵소서. 저의 악한 의지를 무력하게 만드시고, 선한 것을 추구할 수 있는 힘을 허락해 주옵소서. 저를 단번에 자유롭게 하여 예수님을 더욱 닮게 도와주옵소서." 마음속에 죄에 묶인 것이 있을 때마다 우리는 그렇게 기도해야 한다. 기도는 죄를 극복하고 그리스도의 형상을 닮도록 도와주는 은혜의 수단이다.

"그의 뜻대로 무엇을 구하면 들으심이라"(요일 5:14).

이 가르침을 위와 같은 상황에 적용할 수 있다. 죄를 극복하기 위해 기도하는 것은 하나님의 분명하신 뜻이다. 하나님은 우리가 그리스도의 형상을 닮기를 원하신다. 바울은 "하나님의 뜻은 이것이니 너희의 거룩함이라"(살전 4:3)라고 말한다. 따라서 성화를 위해 기도하는 것이 하나님의 뜻이라는 것은 의심할 여지 없는 사실이다. 그러므로 그리스도를 더욱 닮기 위해 하나님께 은혜를 구하면 반드시 응답하실 것이다.

하나님은 마침내 내가 씹는 담배의 중독에서 벗어날 수 있도록 도와주셨다. 하나님은 중독을 단번에 끊게 하시지 않았다. 오히려 하나님은 일정 기간 동안 끈기 있게 기도하게 하셨고, 그 과정을 통해 중독에서 벗어나도록 도와주셨다. 이 경험을 통해 나는 많은 것을 배울 수 있었다. 그 후 나는 기도로 여러 가지 문제들을 하나씩 극복하면서 성화의 과정을 밟아 갔고, 성령을 통해 하나님의 능력이 역사하는 것을 경험했다. 덕분에 나는 은혜 안에서 더욱 거룩해질 수 있었다. 기도에 관해 야고보는 "너희가 얻지 못함은 구하지 아니하기 때문이요"(약 4:2)라고 가르친다. 이 말씀은 은혜 안에서 성장하기 위한 영적 원동력을 제공한다. 또한 예수님은 "너희 하늘 아버지께서 구하는 자에게 성령을 주시지 않겠느냐"(눅 11:13)라고 말씀하신다.

③ 성례를 통한 변화

하나님은 세례와 성찬을 은혜의 수단으로 허락하셨다. 예수님은 "너희가 이를 행하여 나를 기념하라"(눅 22:19)라고 말씀하셨다. 즉, 성찬을 자신이 재림할 때까지 지속적으로 지켜야 할 의식으로 제정하신 것이다. 물론 성찬의 축사나 떡과 포도주 자체에 무슨 마법 같은 힘이 담겨 있는 것은 아니다. 그러나 예수님의 속죄의 죽음을 상징하는 떡과 포도주를 받을 때 성령께서 성찬을 통해 그분과 교제하는 사람들의 믿음을 강화시켜 주신다. 바울은 "우리가 축복하는 바 축복의 잔은 그리스도의 피에 참여함이 아니며, 우리가 떼는 떡은 그리스도의 몸에 참여함이 아니냐"(고전 10:16)라고 말했다. 우리는 하나님의 말씀을 믿는 믿음과 성령의 능력을 통해 물리적으로가 아니라 영적으로 성찬에 참여한다. 성찬을 통해 그리스도와 교제할 때 성령께서 우리의 믿음을 성장시키신다.

마지막 승리의 약속

지금까지 살펴본 세 가지 은혜의 수단을 성실히 활용하면 끈질긴 죄로부터 벗어날 수 있다. 물론 어떤 죄는 벗어나는 데 시간이 오래 걸리고, 또 어떤 죄는 죽을 때까지 벗어나지 못하기도 한다. 왜냐하면 이 세상에서는 의를 온전히 이룰 수 없기 때문이다(빌 3:12 참고). 그러나 우리가 유한한 육체에서 벗어나 주님과 함께 거하게 되는 날에는 모든 부패의 요소에서 온전히 해방될 것이다.

세상에서 죄를 점진적으로 극복하는 것이 하나님 안에서 우리가 이루어야 할 소명이다. 물론 이 소명은 우리가 죽을 때에야 비로소 완전히 이루어질 것이다. 우리는 그리스도 안에 있기 때문에 결국 완전한 승리를 거둘 것이다. 그러나 우리가 죽는 그날까지는 죄에서 온전히 벗어날 수 없다. 그렇다 하더라도 우리는 하나님을 아는 지식 안에서 계속 성장해 가며 날이 갈수록 거룩해질 것이다. 그리하여 그리스도 안에서 우리의 소명이 마침내 온전히 완성될 것이다.

하나님의 도우심을 얻어 그분의 형상을 더욱 닮아 가는 것보다 더 귀한 소명과 더 큰 특권은 없다. 우리는 은혜 안에서 날마다 더욱 거룩해짐으로써 예수님을 믿는 믿음을 통해 영원히 우리의 것이 될 영광을 준비하고 있다. 바울의 말대로, 하나님께 영광이 세세토록 있기를 기도한다(롬 11:36, 16:27; 갈 1:5; 엡 3:21; 빌 4:20; 딤전 1:17 참고). 하나님은 모든 기독교인 남성들에게 하나님을 영화롭게 하고 영원히 기뻐하는 것을 삶의 주된 목적으로 삼으라고 요구하신다.

묵상과 나눔을 위한 질문

1. . 하나님의 영광을 생각하면, 무엇이 떠오르는가? 자연은 어떻게 하나님의 영광을 드러내는가? 인간은 하나님의 영광을 드러내기 위해 특별히 어떤 식으로 창조되었는가?

2. 하나님의 본래 계획에 따르면, 아담은 어떻게 하나님의 형상을 드러낼 수 있었는가? 죄는 어떤 식으로 하나님을 영화롭게 하지 못하게 만드는가? 그리스도의 은혜는 어떻게 하나님을 영화롭게 하도록 만드는가?

3. 당신의 삶이 진정한 의미를 지니고 있다고 생각하는가? 만일 그렇지 않다면 그 이유는 무엇인가? 그리스도 안에서 우리에게 주어진 하나님의 소명이 우리의 삶을 진정으로 의미 있게 만드는 이유는 무엇인가? 당신이 그리스도 안에 있는 은혜와 진리의 영광을 더욱 적극적으로 드러내도록 하나님께서 당신에게 주신 소명은 무엇이라고 생각하는가?

4. 당신을 잘 아는 사람 열 명에게 당신에게서 영적 성장과 개선이 가장 필요한 부분이 무엇이냐고 물어보라. 또한 당신은 그 질문에 뭐라고 대답하겠는가? 자신의 힘으로 무엇인가를 개선하려고 노력한 적이 있는가? 그리스도의 형상을 닮기 위해 어떻게 하나님의 능력을 구하겠는가?

Chapter 5

목자이자 주인으로서의 소명

　　이번 장에서는 실천적인 적용에 들어가기 전에 다루어야 할 마지막 교리를 설명하고자 한다. 먼저 지금까지 살펴본 남성에 관한 성경의 가르침을 요약해 보자. 창세기 1,2장을 중심으로 남성에 관한 진리를 살펴본 결과, 우리는 다음의 사실들을 확인할 수 있었다.

- 하나님은 자신의 형상으로 인간을 창조하셨다.
- 하나님은 인간을 에덴동산에 두셨다. 에덴동산은 하나님과 언약의 관계를 맺은 장소이다.
- 하나님은 인간에게 '일하고 지키라'는 소명, 곧 "가꾸고 보호하라"는 소명을 주셨다.
- 인간의 궁극적인(주된) 목적은 세상에서 하나님의 영광을 드러내

는 것이다.

우리는 이런 요점들을 중심으로 남자에게 다스리는 권한, 곧 하나님을 대신해 세상에서 그분의 권위를 행사할 수 있는 권한이 주어졌다는 사실을 살펴보았다. 이것은 곧 '주권을 행사하라'는 소명이다.

주인(지도자)으로서의 소명

주인이 되라는 소명은 남자와 여자에게 똑같이 주어졌다(창 1:26 참고). 그러나 창세기 2장은 주권을 행사하는 일과 관련해 남자의 역할을 뚜렷하게 구분한다. 하나님께서 큰 주인이시라면, 아담은 작은 주인인 셈이다. 하나님은 아담을 자신의 대리자로 에덴동산에 두셨다. 하나님께서 아담에게 다른 피조물들의 이름을 짓는 권한을 주셨다는 사실에서 우리는 이 점을 가장 분명히 확인할 수 있다. 이름을 짓는다는 것은 곧 주권을 행사한다는 의미이다.

"여호와 하나님이 흙으로 각종 들짐승과 공중의 각종 새를 지으시고 아담이 무엇이라고 부르나 보시려고 그것들을 그에게로 이끌어 가시니, 아담이 각 생물을 부르는 것이 곧 그 이름이 되었더라. 아담이 모든 가축과 공중의 새와 들의 모든 짐승에게 이름을 주니라"(창 2:19,20).

주님은 모든 들짐승과 새들을 아담에게로 데리고 오셨다. 그들은 모두 아담에게 복종했다. 그 순간부터 아담의 주권에 따라 그들의 정체성이 결정되었다. 만물의 영장인 인간을 통해 그들에게 이름이 부여된 것이다. 하나님은 자신의 종인 아담을 동산의 주인으로 임명하셨다. 이처럼 인간은 하나님의 종으로서 그분의 권한을 대행하는 위치에 있다. 주권, 요즘 말로 '리더십(leadership, 지도력)'은 세상에서 남자에게 주어진 소명의 본질적인 부분이다.

'주권'이라는 용어는 때로 달갑지 않게 들린다. 이 말은 절대군주나 가발을 쓰고 이상한 옷을 걸친 뚱뚱한 영주의 모습을 연상시킨다. 그러나 하나님은 모든 남자에게 가정(남편과 아버지)과 일터와 교회와 사회 같은 삶의 영역에서 주권, 곧 지도력을 발휘하라고 요구하신다. 따라서 남자들이 성경적인 지도력을 이해하고 받아들이는 것은 매우 중요하다.

지도력, 가장 긴급하고도 중요한 사안

오늘날 미국은 지도력의 위기에 직면해 있다. 대담한 지도력과 권위의 행사는 사람들로부터 노골적인 비난까지는 아니더라도 많은 의심을 살 가능성이 매우 높다. 이렇게 된 이유를 크게 두 가지로 생각해 볼 수 있다. 첫째, 모든 인간이 죄로 인해 교만해져서 다른 사람의 지도를 받는 것을 싫어하기 때문이다. 특히 미국과 같은 나라에서는 독립적인 태도를 매우 중요하게 생각한다. 둘째, 많은 지도자들이 자신에게 맡겨진 사람들을 극진히 보살피기는커녕 권력을 이용해 부를 쌓고 다른 사람들을 학대하기 때문이다. 자신의 이익을 챙기기 위해 온갖 악행을 서슴지 않은 사업가들이 적지 않다. 정치 지도자들도 재물에 대한 욕심을 따라 행동하는 사람들이라는 평가를 받는 것이 보통이다. 성경이 가르치는 대로 명예로운 방법으로 자기 자신의 행위를 다스리는 남자들은 많지 않다. 그래서 여성들은 남성 전체를 의심의 눈초리로 바라본다. 오늘날의 유명 인사들 가운데는 성경이 가르치는 바와 일치하는 지도자가 거의 없다. 즉, 추종자들을 섬기고, 그들에게 선한 영향을 끼쳐 더 나은 길로 인도하는 지도자가 거의 없다.

따라서 남자들이 진정한 지도자가 되는 것은 참으로 긴급하고도 중요한 사안이다. 성경은 우리를 깨우치는 좋은 본보기와 우리를 인도할 지침들을 제시한다. 그리하여 우리가 하나님의 주권 아래 복종하고 주권을 올바로 행사할 수 있도록 도와준다. 한마디로, 성경은 하나님과 그분이 귀하게 여기시는 사람들을 섬기는 종으로서의 지도력을 가르친다. 하나님은 그런 지도자를 통해 세상에 복을 베푸신다. 신실하신 하나님은 자기 백성을 위해 종이 되어 섬길 지도자들을 세워 주신다.

하나님은 기독교인 남성에게 자신을 대신해 주권을 행사하라고 명령하신다(엡 4:11-13; 벧전 5:1-5 참고). 하나님의 명령에 기쁘게 답하지 않겠는가? 다윗은 생애 말년에 이렇게 노래했다.

"사람을 공의로 다스리는 자, 하나님을 경외함으로 다스리는 자여, 그는 돋는 해의 아침 빛 같고 구름 없는 아침 같고 비 내린 후의 광선으로 땅에서 움이 돋는 새 풀과 같으니라 하시도다"(삼하 23:3,4).

목자 같은 지도자

하나님께서 원하시는 지도력을 간단히 보여 주는 성경의 본보기 중 하나가 양 떼를 인도하고 보호하고 보살피는 목자이다. 이 개념은 하나님의 백성들 사이에서 매우 일찍부터 등장했다. 물론 성경은 아담이 목자가 되었다고 명백하게 말하지는 않는다. 그러나 창세기 2장에서 그는 모든 동물의 주인으로 묘사되어 있으며, 그가 낳은 경건한 아들 아벨을 '양 치는 자'(창 4:2)로 소개한다.

아브라함과 이삭과 야곱은 모두 가축을 기르는 사람들이었다. 모세도 장인 이드로의 양 떼를 치다가 불붙은 떨기나무에서 이스라엘을 이끌라는 소명을 받았다(출 3:1 참고). 또한 그는 "그로 그들 앞에 출입하며 그들을 인도하여 출입하게 하사 여호와의 회중이 목자 없는 양과 같이 되지 않게 하옵소서"(민 27:17)라고 기도했다. 구약 시대의 이상적인 지도자였던 다윗 왕은 목자 같은 왕으로 널리 알려져 있다. 시편 78편 72절은 다윗에 대해 "그가 그들을 자기 마음의 완전함으로 기르고 그의 손의 능숙함으로 그들을 지도하였도다"라고 증언한다. 무엇보다도 예수님이 종으로서 자신의 지도력을 표현하면서 "나는 선한 목자라"(요 10:11)라고 말씀하셨다. 이처럼 성경은 처음부터 끝까지 종으로서의 지도력을 목자의 지도력으로 설명한다.

목자 같은 지도자는 맡겨진 역할을 감당함으로써 자신이 이끄는 사람들에게 안전하다는 의식을 심어 준다. 그는 그들과 한마음이 되어 그들의 시련과 위기와 위험을 나누어 진다. 목자는 온 힘을 다해 자기 양 떼를 보살핀다. 오늘날 우리는 추종자들을 이용해 개인이나 조직의 이익을 추구하는 지도자들에게 익숙하다. 그러나 참목자는 양들의 행복에 모든 관심과 열정을 쏟는다. 양들이 그의 가장 큰 관심사요 마음의 짐이자 기쁨이다.

물론 지도자에게는 자기 사람들이 열심히 일하도록 독려해야 할 책임이 있다. 사업체의 경우에는 때로 경제적인 현실 때문에 인력을 감축해야 할 때도 있다. 그러나 참지도자는 조직의 한계와 조건이 허락하는 한, 자기 사람들에게 진정으로 헌신한다. 사람들은 그런 노력을 단번에 알아차린다. 다윗은 한밤중에 자기 양 떼를 돌보면서 하나님께서 자신의 목자가 되신다는 사실을 생각하고서 매우 기뻐했다.

"여호와는 나의 목자시니 내게 부족함이 없으리로다"(시 23:1).

목자 같은 지도자는 양들을 위해 기꺼이 희생을 감수한다. 목자는 양들을 튼튼하게 키우고, 어린양들을 힘센 숫양으로 키워 마을로 돌아오기까지 온갖 수고를 마다하지 않는다. 양들은 계속 움직이는 습성이 있다. 그래서 양들을 안전하게 보호하려면 종종 호되게 가르쳐야 한다. 목자는 밤에 잠을 잘 때도 항상 양들을 생각하고, 아침에 동이 틀 때도 즉시 일어나 양들을 살핀다. 목자는 양들의 종이다. 목자는 양들을 먹이고 튼튼하게 키우는 것을 유일한 성공의 기쁨으로 여긴다.[1]

---

[1] 이 내용은 내가 쓴 다음의 책에서 발췌한 것이다. *The Heart of an Executive*(New York: Doubleday, 1999), 5-7.

기독교인 남성이 성경이 가르치는 목자의 지도력을 충실히 발휘하는 것은 오래 지속되는 유산을 남길 수 있는 가장 좋은 방법이다. 우리의 목적은 우리 자신을 위해 성공하는 것이 아니라 우리가 보살피는 사람들의 삶에 복된 흔적을 남기는 것이다. 그렇게 하기 위해서는 선한 목자이신 예수님처럼 양들을 위해 기꺼이 자신을 희생해야 한다. 예수님은 "나는 선한 목자라. 선한 목자는 양들을 위하여 목숨을 버리거니와"(요 10:11)라고 말씀하셨다. 기독교인 지도자는 자신을 따르는 이들에게 안전하다는 의식과 영감을 심어 주는 것을 성공의 잣대로 삼아야 한다. 다시 말해, 우리 자신이 아닌 다른 사람들이 무엇인가를 이루도록 돕고, 더욱 자신 있게 능력을 발휘할 수 있도록 그들을 이끌어야 한다. 요한 사도는 생애 말년에 "내가 내 자녀들이 진리 안에서 행한다 함을 듣는 것보다 더 기쁜 일이 없도다"(요삼 1:4)라고 말했다.

목자의 지도력과 남자의 소명

목자의 지도력이 창세기 2장 15절에서 말하는 남자의 소명(일하고 지키는 것)과 정확히 일치하는 것은 조금도 놀랄 일이 아니다. 하나님은 아담을 에덴동산에 두어 그곳을 경작하게 하셨다. 목자 같은 지도자는 자신을 따르는 사람들을 양육하고, 그들의 마음에 영감을 심어 준다. 하나님은 아담에게 동산을 지키라고 명령하셨다. 목자 같은 지도자는 자신이 돌보는 사람들을 지킨다. 즉, 항상 양 떼를 주시하고, 그들을 잡아먹으려는 동물을 경계한다. 목자 같은 지도자는 아담이 행한 종으로서의 지도력을 본받아 양 떼를 잘 지키고 보호하며, 그들을 이끌어 잘 자라 많은 열매를 맺게 한다.

다윗은 시편 23편에서 하나님에게서 발견되는 목자로서의 지도력을 노래한다. 그는 목자 같은 지도자의 역할을 상세히 설명한다. 그는 "여호와는 나의 목자시니 내게 부족함이 없으리로다"(1절)라고 말하면서 기뻐했다. 그의 시편은 하나님께서 자기 백성을 목자처럼 보살피신다고 말함으로써, 그분의 이름으로 권위를 행사하는 사람들에게 그분이 요구하시는 모습을 분명하게 제시한다. 다윗은 자신을 돌보시는 하나님의 사역을 목자가 양들을 돌보는 것에 빗대었다. 이처럼 목자의 지도력을 발휘하려면, 인도하고(아담이 에덴동산에서 일을 했던 것) 보호하고 보살펴야(아담이 에덴동산을 지켰던 것) 한다.

인도하는 목자(일하다)

다윗은 하나님의 인도하심으로 인해 "내게 부족함이 없으리로다"(시 23:1)라고 고백하면서 기뻐했다. 그는 "그가 나를 푸른 풀밭에 누이시며 쉴 만한 물가로 인도하시는도다……자기 이름을 위하여 의의 길로 인도하시는도다"(시 23:2,3)라고 말한다. 풀이 많고 신선한 물이 있는 곳에서 마음껏 풀을 뜯다가 안전하게 돌아오는 것이 양들의 일상이다. 목자는 그런 장소를 우연히 발견하지 않는다. 목자는 곳곳을 둘러보고, 가장 좋은 풀밭으로 안전하게 갈 수 있는 길을 찾아야 한다. 마찬가지로 가정과 교회, 또는 일터에서 목자 같은 지도자가 된다는 것은 사람들에게 올바른 방향을 가르쳐 주고, 그들을 안전하게 인도한다는 것이다.

사람들을 인도하려면, 어떤 분야에서 일하든 뛰어난 능력을 갖추어야 한다. 예를 들어, 젊은 기갑 부대 장교가 부하들을 잘 보살피기 위해서는 전술 능력을 충분히 갖추고 지휘관으로서 알아야 할 많은 지식에 정통해야 한다. 그렇지 못하면 아무리 자상하다고 하더라도 유능한 지휘관이 될 수 없다. 지도자가 효율적으로 지도력을 발휘하려면, 자신의 사람들을 이끄는 데 필요한 능력을 갖추어야 한다.

어떤 분야든 지도자에게 가장 필요한 능력은 성경에 기록된 하나님의 진리를 아는 지식이다. 아버지와 남편이 된 사람이 결혼과 자녀 양육, 교회 생활과 경제 운영에 관한 성경의 가르침을 알지 못한다면, 어떻게 가족을 잘 이끌 수 있겠는가?

잠언 저자는 29장 18절에서 고대 이스라엘 사회에서 통용되던 인도의 원리 가운데 하나를 소개한다.

"묵시가 없으면 백성이 방자히 행하거니와 율법을 지키는 자는 복이 있느니라."

지도자가 게을러서 성경의 진리를 배우고 적용하는 데 심혈을 기울이지 않는다면, 사람들은 '목자 없는 양과 같이 고생하며 기진할' 수밖에 없다(마 9:36 참고). 목자 같은 지도자로서 성공하기 위해서는 필요한 기술을 습득해야 한다. 그중에서도 성경의 진리를 배우는 것이 가장 중요하다.

보호하는 목자(지키다)

다윗은 양 떼를 보호하는 것이 목자의 일이라는 사실을 분명히 의식했다. 특히 위험이 닥쳤을 때 목자는 양들을 보호해야 한다.

"내가 사망의 음침한 골짜기로 다닐지라도 해를 두려워하지 않을 것은 주께서 나와 함께하심이라"(시 23:4).

참된 지도력은 항상 인격적인 특성을 띤다. 다윗은 위험하다고 느끼면서도 안심할 수 있었다. 왜냐하면 하나님께서 목자로서 자신을 보호하신다는 사실을 의식했기 때문이다. 목자이신 하나님은 자신의 양을 보호하여 어떤 시련이나 위험이 닥쳐도 해를 당하거나 이미 받은 복을 잃지 않게 하신다.

겁 많은 양들이 양쪽에 험하고 가파른 바위가 늘어선 어두운 골짜기를 지나가고 있다고 상상해 보자. 바위틈에 늑대가 숨어 있을지도 모른다. 양들은 작은 소리에도 놀라 몸을 움츠린 채 앞으로 나아가지 못하고 이리저리 두리번거린다. 그러다가 친근한 목자의 모습을 발견하고는 비로소 마음을 놓는다. 양들을 지켜보고 보호하는 목자의 인격적인 존재감이 그들에게 확신을 심어 준다. 양들은 목자의 보살핌을 믿기 때문에 안심하고 앞으로 나아갈 수 있다. 목자가 자신들을 지키고 보호해 줄 것이라고 확신하기 때문에 마음 놓고 앞으로 걸어갈 수 있다.

목자가 양 떼를 보호할 때 사용하는 지팡이와 막대기는 그의 권위를 상징한다. 이 지팡이와 막대기를 통해 목자의 존재감이 더욱 강하게 드러난다.

"주의 지팡이와 막대기가 나를 안위하시나이다"(시 23:4).

지팡이와 막대기는 목자가 사용하는 도구이자 그의 신분을 상징하는 물건이다. 머리 부분이 둥글게 휘어진 긴 지팡이는 양이 해를 당하지 않도록 곁길로 빠지는 양의 목을 잡아끌어 안전한 곳으로 돌아오게 만들 때 사용되었다. 이것은 목자에게 주어진 지도자로서의 권위를 상징한다. 추종자들은 지도자가 적절한 규칙을 세우고, 경건한 삶의 기준을 제시해 주기를 바란다. 목자는 시련이나 위험이 닥칠 때 보호하는 권위를 충실하게 발휘하고, 양들 사이에 적절한 질서를 유지함으로써 양들을 위로해야 한다.

막대기는 양들을 보호하기 위해 맹수들을 쫓을 때 사용하는 짧고 뭉툭한 무기이다. 양들은 막대기를 들고 있는 목자를 보고 안심한다. 마찬가지로 사람들은 지도자가 하나님께서 허락하신 직책으로 자신들을 보호하고 지켜 주기를 바란다. "주의 지팡이와 막대기가 나를 안위하시나이다"라는 말씀은 양에게나 사람에게나 똑같이 적용되는 진리이다.

보살피는 목자(일하고 지키다)

다윗은 어조를 약간 바꾸어 시편 23편을 마무리한다. 양의 비유를 들어 인간의 필요와 복을 전하는 그는 5절에서부터 우리를 기다리고 있는 하늘나라의 복을 생각하면서 하나님께 감사하기 시작한다. 우리는 마지막에 기록된 그의 찬양을 하나님의 보살피는 사역, 곧 일하는 것과 지키는 것을 하나로 묶는 지도력으로 요약할 수 있다. 다윗은 결론 부분에서 하나님께서 우리에게 필요한 것을 공급하고 우리를 받아 주시며, 복을 베푸시고, 소속감을 허락하신다고 강조한다.

① 공급하고 받아 주시는 하나님

다윗은 비유를 들어 하나님의 보호하심을 생생하게 묘사한다.

"주께서 내 원수의 목전에서 내게 상을 차려 주시고"(시 23:5).

상을 차린다는 것, 즉 음식을 나눠 먹는다는 것은 아무 조건 없이 우리를 받아들여 필요한 자양분을 공급하신다는 의미이다. 주님이 우리를 가족으로 받아들여 상을 차려 주셨다는 것은, 우리가 은혜로 값없이 받아들여지고 그분을 통해 생명을 유지하게 된다는 것을 암시한다. 성부 하나님을 본받아 목자 같은 지도자가 되기 위해서는, 무엇보다 하나님께서 우리에게 맡겨 주신 사람들을 온전히 받아들이고, 그들이 그 사실을 의식하게 만들어야 한다.

② 복을 베푸시는 하나님

다윗은 "기름을 내 머리에 부으셨으니 내 잔이 넘치나이다"(시 23:5)라고 덧붙인다. 건조하고 흙먼지가 많은 유대 땅에서 집 안에 들어갔을 때 기름으로 얼굴과 손을 씻는다는 것은 참으로 큰 복이었다. 또한 잔에 가득한 포도주는 나그네의 목마름을 달래 주었다. 이처럼 기독교인 남성은 미국에서 이해되는 것처럼 냉정하고 거친 남성상을 추구하기보다 다른 사람들을 복되게 할 수 있는 능력을 갖추려고 노력해야 한다.

③ 소속감을 허락하시는 하나님

시편 23편의 마지막 절은 "내 평생에 선하심과 인자하심이 반드시 나를 따르리니 내가 여호와의 집에 영원히 살리로다"(시 23:6)라고 말한다. 참된 소속감을 제공하는 것은 지도자가 자기를 따르는 사람들을 보살필 수 있는 가장 좋은 방법 가운데 하나이다. 특히 복음의 증인인 우리는 사람들이 하나님의 가족에 소속되어 영원한 복을 누릴 수 있도록 이끌어야 한다.

시편 23편은 양 떼를 지켜야 하는 궁극적인 이유를 상기시켜 준다. 즉, 하나님께서 우리가 거할 영원한 거처를 마련하셨기 때문이다. 그곳에서 우리는 복을 얻고 하나님의 공급하심을 받으며, 하나님에게 받아들여지고, 영원하고도 변경되지 않는 소속감을 갖게 된다. 우리는 영원히 그곳에 거하게 될 것이다. 참신자라면 누구나 선과 은혜가 영원토록 계속되는 그곳에 거하게 될 것이다. 이런 확신은 우리의 마음에 기쁨이 넘치게 만든다.

자기를 희생하는 목자

하나님은 우리에게 각각의 역할을 맡기시고 우리를 훈련시키시고 우리를 위해 많은 일을 행하셨다. 이는 우리로 하여금 그분을 영원토록 즐거워하게 하시기 위함이다. 따라서 이번 장을 마무리하기 전에 하나님의 구원 사역 가운데 가장 중요한 사역을 잠시 살펴보지 않을 수 없다. 그것은 목자요 주인으로서의 지도력이 무엇인지를 가장 잘 보여 준다.

다윗은 목자이신 하나님의 자기희생과 사랑을 떠올리면서 기뻐했다.

예수님은 거룩한 사랑과 자기희생의 극치를 보여 주셨다. 예수님은 자신의 양 떼를 천국으로 안전하게 데리고 가기 위해서 십자가의 죽음을 감당해야 한다는 것을 알고 계셨다.

"나는 선한 목자라. 선한 목자는 양들을 위하여 목숨을 버리거니와"(요 10:11).

그리스도의 십자가 희생은 '지키는' 일의 정수를 보여 주는 사건이었다. 왜냐하면 그것을 통해 승리를 쟁취하고, 하나님의 복을 확보했기 때문이다.

하나님은 세상에서 하나님의 형상을 드러내라고 요구하실 뿐만 아니라 주님을 본받아 종이자 주인으로서의 지도력을 발휘하라고 말씀하신다. 그러므로 우리는 목자요 주님이신 그리스도께 깊은 관심을 기울이고, 양들을 위해 그분이 행하신 지극한 섬김을 본받아야 한다. 그분은 양들을 위해 십자가에서 죽으셨다. 예수님이 목자의 사랑을 베풀어 자신의 목숨을 내놓으신 것처럼, 우리도 목자의 지도력으로 커다란 자기희생을 감수해야 한다.

그렇게 하면 우리에게 어떤 보상이 주어지는가? 우리에게는 하나님의 도구가 되어 그분의 양 떼를 보살피는 일을 감당했다는 만족감이 주어질 것이다. 또한 예수님이 자신의 피로 값 주고 사신 양 떼를 충실하게 보살핀 사람들에게 각자 그 수고한 대로 "시들지 아니하는 영광의 관"(벧전 5:4)이 주어질 것이다.

묵상과 나눔을 위한 질문

1. 저자는 우리 시대가 지도력의 위기에 직면했다고 말한다. 그 말에 동의하는가? 지도력이 위기에 처한 이 시대를 향해 기독교인 남성이 줄 수 있는 대답은 무엇인가?

2. 성경의 위대한 사람들 가운데 목자가 많은 이유는 무엇인가? 하나님은 목자로서 신자들을 어떻게 돌보시는가? 목자의 지도력은 다른 형태의 지도력과 어떻게 다른가?

3. 당신의 상황과 상관없이 목자의 지도력을 실천하려면 어떻게 해야 할까? 목자 같은 지도자가 되기 위해 당신은 다른 사람들을 대하는 방식이나 태도 가운데 무엇을 가장 먼저 고쳐야 하겠는가?

4. 목자 같은 지도자가 될 준비가 되어 있는가? 다른 사람들을 인도하는 데 필요한 자격을 갖추었는가? 인도하고 보호하는 권위를 행사할 수 있겠는가? 예수님이 신자들을 보살피시는 것처럼 다른 사람들을 보살피는 사역에 관심이 있는가? 지도력에 대한 이런 가르침이 당신의 성장에 어떤 도움을 주는가?

Living Our Mandate

Chapter 6

결혼에 대한 하나님의 놀라운 계획

지식은 큰 변화를 가져온다. 예를 들어, 컴퓨터의 비밀번호를 알지 못하면, 컴퓨터를 사용할 수 없다. 지식은 운전할 때도 적지 않은 영향을 미친다. 길을 하나만 지나쳐도 엉뚱한 곳에서 길을 잃고 헤매기 십상이다.

우리는 지식의 중요성을 잘 알고 있다. 그리고 성경에 우리가 알아야 할 가장 중요한 지식이 들어 있다고 믿는다. 성경의 진리를 정확히 아는 것은 삶을 위해 반드시 필요한 요건이다. 이번 장에서는 성경의 실천적 진리 가운데 가장 중요한 진리를 몇 가지 살펴보고자 한다. 구체적으로 '결혼'이라는 중요한 제도에 관한 진리를 다룰 것이다.

앞서 언급한 대로, 창세기 2장은 하나님께서 한 가지 목적을 위해 인간을 창조하셨다고 말한다. 하나님은 아담의 인격과 사역을 통해 하나님의 형상이 드러나기를 원하셨다. 하나님은 그를 에덴동산에 두어 그 곳을 경작하고 지키게 하셨다. 이러한 남자의 소명은 우리의 모든 역할 과 관계(예를 들면, 자녀의 아버지이자 다른 사람들의 친구요 교회의 종으 로서의 역할과 관계)에 두루 적용된다. 그러나 그중에서도 결혼의 언약 에 가장 먼저 적용된다. 하나님은 결혼 제도를 인간 사회의 근간으로 삼으셨다. 결혼 제도는 하나님과 우리의 관계와 가장 흡사하다. 결혼 의 경우에는 특히 지식이 큰 차이를 만든다.

그렇다면 남자는 결혼에 관해 무엇을 더 알아야 할까? 목회자와 상 담사로 활동해 온 나의 경험에 비춰 볼 때, "지금 알고 있는 것보다 훨 씬 더 많이 알아야 한다"는 것이 가장 좋은 대답인 듯하다(이 문제에 대 해 나와 함께 논의한 적이 있는 목회자들 대다수를 통해 이 점을 거듭 확인 할 수 있었다). 의심할 여지 없이 기독교인들, 특히 기독교인 남성 대다 수가 결혼에 관한 성경의 가르침에 무지하다.

대다수의 남자들이 결혼에 관해 너무나 무지하다는 것을 발견할 때 마다 참으로 놀랍고, 때로는 경악스럽기까지 하다. 이혼한 남자들에게 서 "내가 이 사실을 좀 더 일찍 알았더라면 좋았을 텐데"라는 소리를 종종 듣곤 한다. 하나님은 결혼에 관한 기본 지식을 창세기 2장에 모두 계시하셨다. 그런데도 대다수의 남자들은 결혼이 무엇인지, 하나님께 서 결혼을 어떻게 계획하셨는지, 또 우리의 삶에서 결혼이 어떤 목적을 지니는지에 대해 아는 바가 별로 없다.

성경에서 결혼에 관한 가르침을 얻지 못한다면, 과연 어디에서 얻을 수 있겠는가? 세속 사회에서 얻는 지식은 거의 아무런 가치가 없다. 왜냐하면 세속 사회에서의 관계는 대부분 큰 혼란과 거짓에 휩싸여 있기 때문이다. 내가 결혼과 관련된 남자의 소명을 설명하는 데 세 장(6,7,8장)을 할애하는 이유가 바로 이것이다. 결혼은 우리의 삶 전체를 통틀어 가장 큰 소명 중 하나이다. 결혼 관계는 남자의 소명을 가장 친밀하면서도 가장 강력하게 실천할 수 있는 터전을 제공한다.

불완전한 상태

성경의 창조 기사를 읽어 보면, 하나님께서 창조하신 모든 것이 '좋았다'는 것을 알 수 있다. 하나님은 피조물을 지으시고, 모든 것에 만족하셨다. 창세기 1장에는 "좋았더라" 또는 "심히 좋았더라"라는 표현이 자주 나온다. 그런데 하나님께서 갑자기 보시기에 좋지 않은 것을 발견하셨다. 참으로 이상한 일이었다. 하나님은 그 지으신 것 가운데서 개선해야 할 점을 찾아내셨다. 무엇이 잘못되었을까? 물론 하나님의 창조에 결함이 있었다거나 그분이 실수하거나 실패하셨다는 의미는 결코 아니다. 그러나 무엇인가 부족한 것이 있었다. 하나님은 창조의 영광인 인간, 곧 자신의 형상으로 창조하신 남자를 바라보면서 "사람이 혼자 사는 것이 좋지 아니하니"(창 2:18)라고 말씀하셨다.

여기서부터 결혼에 관한 성경의 가르침이 시작된다. 남자에게는 배우자가 필요했다. 하나님은 아담이 에덴동산에 혼자 있는 것을 보시고,

"좋지 않다"라고 말씀하셨다. 하나님은 오늘날에도 독신 남자에 관해 그렇게 말씀하신다. 그분은 그들이 혼자 살고 있는 것을 보시면서 "좋지 않다"라고 말씀하신다. 특히 하나님은 남자의 마음과 인격을 보시고는 "나는 남자가 여자와 함께 살도록 창조했다. 남자가 결혼하지 않는 것은 바람직하지 않다"라고 말씀하신다. 결혼하지 않은 남자를 나무라기 위해 이렇게 말하는 것이 아니다. 나는 단지 성경의 진리를 전할 뿐이다. 남자가 혼자 살면 육체적으로, 감정적으로, 영적으로, 성적으로 행복해질 수 없다.

하나님은 아담이 혼자 있는 것을 보시고서, 즉시 '좋지 않은 것'을 '심히 좋은 것'으로 바꾸기 시작하셨다. 그분은 먼저 자신의 뜻을 분명히 밝히셨다. 다음의 말씀을 읽어 보자.

"여호와 하나님이 흙으로 각종 들짐승과 공중의 각종 새를 지으시고 아담이 무엇이라고 부르나 보시려고 그것들을 그에게로 이끌어 가시니 아담이 각 생물을 부르는 것이 곧 그 이름이 되었더라. 아담이 모든 가축과 공중의 새와 들의 모든 짐승에게 이름을 주니라. 아담이 돕는 배필이 없으므로"(창 2:19,20).

아담에게는 참으로 놀라운 경험이었을 것이 틀림없다. 모든 피조물들이 그 앞에 줄지어 나와 그에게서 이름을 얻었다(그는 다른 피조물에게 주권을 행사했다). 어쩌면 아담은 말을 타 보기도 하고, 사자와 씨름해 보기도 하고, 돌고래와 함께 헤엄도 치고, 개와 함께 놀기도 했을지 모른다. 그들의 이름을 지어 주기 위해서는 그들을 연구하고 친근히 함께하는 경험이 필요했을 것이다. 그는 그런 지식과 경험을 바탕으로 짐승들의 이름을 지어 주었을 것이다. 틀림없이 참으로 흥미진진한 사역이었을 것이다. 그러나 하나님의 말씀에 따르면, 아담에게는 한 가지 큰 부족함이 있었다.

"아담이 돕는 배필이 없으므로"(창 2:20).

모든 남성은 이 말씀을 마음에 깊이 새겨야 한다. 남자 혼자서는 불완전하다. 하나님은 남자가 혼자가 아니라 배우자와 함께 살도록 계획하셨다. 하나님은 여자라는 배우자를 계획하셨다. 남자의 일이 아무리 중요하다고 해도, 직업 활동에 종사하는 것만으로는 온전한 삶을 누릴 수 없다. 남자 친구들과 함께 노는 것이 아무리 재미있다고 해도, 우정만으로는 온전해질 수 없다. 개는 인생의 동반자가 될 수는 있을지 몰라도(지금 이 글을 쓰고 있는 내 발 밑에도 우리 집 개가 웅크리고 앉아 있다), 인간의 진정한 반려자는 될 수 없다. 우리는 개를 가리켜 '인간의 가장 친한 친구'라고 말하지만, 하나님은 그렇게 생각하시지 않는다. 인간이 개와 교제하려면 자신을 개의 수준으로 낮춰야 한다. 가끔은 그럴 수 있겠지만, 항상 그렇게 살 수는 없는 노릇이다.

하나님은 남자에게 자신의 형상으로 창조한 배우자를 허락하기로 작정하셨다. 남자에게는 함께 하나님을 바라보고, 그분을 위해 살아갈 존재가 필요하다.

하나님은 여자를 '돕는 배필'이라고 표현하셨다. 여기에도 중요한 의미가 담겨 있다. 아내는 남자의 가장 훌륭한 동반자이지만, 하나님은 하와를 가리켜 아담의 '동반자'라고 하시지 않았다. 왜냐하면 그런 표현은 인간의 주된 목적이 마치 교제와 관계의 만족에 있는 것 같은 착각을 심어 주기 때문이다. 또한 여자는 남자의 짝이 되기 위해 독특하게 창조되었는데도 하나님은 하와를 가리켜 아담의 '짝'이라고 하시지 않았다. 왜냐하면 그 말이 출산과 성적 쾌락이 인생의 가장 중요한 목적인 듯 암시하기 때문이다. 하나님은 아담에게 '돕는 배필'이 필요하다고 말씀하셨다. 하나님께서 창조하신 세계를 가꾸고 지키는 소명을 함께 나누어 감당하는 것이 결혼 관계의 우선적인 목적이기 때문이다.

아내의 소명은 남편이 이 위대하고 영광스런 소명을 이루어 나가는 동안 동반자로서 교제하고 만족스런 관계를 맺으며, 짝으로서 성적 쾌락을 얻고 자녀를 낳는 등 여러 가지 방법으로 그를 돕는 것이다. 이처럼 아내의 '돕는 사역'은 하나님께서 창조하신 세계를 가꾸고 지키는 데 반드시 필요하다. 나는 이 책에서 아내와 남편의 관계를 문맥에 따라 다르게 표현할 것이다. 그러나 그것들이 '돕는 배필'이라는 여성의 가장 주된 역할과 모순되거나 그것을 대체하지는 않을 것이다.

아내를 찾으라

본격적인 논의에 들어가기 전에 독신 남자의 경우를 잠시 살펴보기로 하자. 이미 밝혔듯이, 결혼하지 않은 남자를 나무랄 생각은 없다. 더욱이 경건한 아내를 찾는 일이 항상 쉬운 것은 아니다. 경건한 아내를 찾으려고 애쓰는 남자들 가운데는 크게 실망하는 이들이 적지 않다. 그러나 성경은 결혼이 참으로 중요하다고 가르친다. 결혼을 하지 않으려고 한다면, 다시 생각해 보고 필요한 성장 과정을 거치라. 경건한 아내를 열심히 찾아보았으나 실망만 했다면, 주님께 다시금 기도하면서 꾸준히 노력하라.[1]

창세기 2장에서 알 수 있는 대로, 남자가 여자로 인해 완성되는 것이 하나님의 계획이다. 물론 남자는 아무 여자가 아니라 아내로 인해 완성된다. 따라서 남자의 결혼은 거의 모든 성인 남성의 행복을 좌우하는 중대한 사안이다. 물론 바울 사도는 모든 남자가 '독신의 은사'를 받기를 바랐다(고전 7:7 참고). 독신의 은사란 결혼에 얽매이지 않고 하나님을 위해 온전히 헌신하는 은사를 가리킨다. 그러나 독신의 은사를 받지 않은 남자는 결혼을 통해 독신이라는 '좋지 않은' 상태에서 벗어나는 것이 좋다.

특히 요즘 젊은이들에게 이 점은 중요하다. 요즘 젊은이들은 이와는 다른 말을 많이 듣는다. 그들의 친구들은 "이봐, 절대 결혼하지 말게"라고 말한다. 친구가 대학을 졸업하고 나서 결혼하면, 다른 친구들은 마치 그가 불치병에라도 걸린 것처럼 안타까워한다. 하나님은 "사람이 혼자 사는 것이 좋지 아니하니"(창 2:18)라고 말씀하시는데, 남자들은

---

[1] 비성경적인 기대감으로 자신이 보기에 매력적인 기준을 설정하여 여성들을 판단하는 것이 많은 남자들의 문제이다. 성경이 이 중요한 문제에 대해 어떻게 가르치는지를 알고 싶다면, 나와 아내가 저술한 다음 책을 참고하라. *Holding Hands, Holding Hearts: Recovering a Biblical View of Christian Dating*(Phillipsburg, N.J.: P&R, 2006).

결혼이 전염병인 양 절대 결혼하지 말라고 서로 권유한다. 그러나 언제나 그렇듯이 옳은 쪽은 하나님이시다. 젊은 기독교인 남성이 할 수 있는 가장 좋은 일은 경건한 여자와 결혼하는 것이다(물론 결혼에 뒤따르는 책임을 감당하려면 적절한 직업을 가져야 한다).

나는 오늘날 교회가 안고 있는 가장 큰 문제 중 하나가 결혼의 가치를 깨닫고 결혼하려고 애쓰는 젊은 남성들이 부족한 것이라고 생각한다. 육체적으로나 감정적으로 결혼할 준비가 된 성숙한 20대 기독교인 여성들의 실망스런 외침이 이 문제를 잘 드러낸다. 그들은 또래 기독교인 남성들 가운데서 결혼할 준비가 되어 있거나 결혼에 관심이 있는 남성을 쉽게 찾지 못한다. 2,30대 남성들은 결혼을 기피하는 남성 문화 때문에 때로 성적 범죄를 저지르기도 한다(하나님은 결혼을 정욕을 해결하기 위한 수단으로 허락하셨다[고전 7:9 참고]). 결혼을 기피하는 태도는 반(反)사회적 행위를 자극하며, 감정적으로나 사회적인 미숙함을 영속화시키는 경향을 드러낸다. 하나님은 혼자 있는 남성을 보고서 "좋지 않다"라고 말씀하신다. 여기에는 그들이 '건전하지 못한 것'에서 위로를 찾으려고 한다는 의미가 담겨 있다. 요즘 젊은이들, 심지어 젊은 기독교인 남성들 중에서도 음란물이나 비디오 게임, 광적인 스포츠 활동, 과음과 과식을 일삼는 사람들이 많다.

오늘날의 사회는 젊은이들에게 '하나님이 그들의 육체와 감정과 성적 필요를 채워 주기 위해 제공하신 수단을 포기하라'고 말한다. 그 결과 젊은이들은 가능한 오랫동안 오직 자신만을 생각하는, 성숙하지 못한 삶을 살아가고 있다. 성경은 이런 상태를 "좋지 않다"라고 말한다.

적합하면서도 서로 다른 돕는 자

하나님은 남자에게 여자를 단순히 돕는 자로 허락하시지 않았다. 그분은 남자를 '돕는' 여자의 역할을 충분히 고려해 그에게 가장 잘 어울리는 돕는 자를 허락하셨다. '돕다'라고 번역된 히브리어는 '케네그도(kenegdo)'이다. 이 말은 '-앞에, -의 맞은편에'라는 의미를 가지고 있다. 이는 여자가 거울에 비친 남자의 형상 같으며, 꼭 들어맞는 퍼즐 조각과 같다는 개념을 담고 있다.

하나님께서 여자를 어떻게 창조하셨는지 살펴보자.

"여호와 하나님이 아담을 깊이 잠들게 하시니 잠들매 그가 그 갈빗대 하나를 취하고 살로 대신 채우시고, 여호와 하나님이 아담에게서 취하신 그 갈빗대로 여자를 만드시고 그를 아담에게로 이끌어 오시니, 아담이 이르되 이는 내 뼈 중의 뼈요 살 중의 살이라. 이것을 남자에게서 취하였은즉 여자라 부르리라 하니라"(창 2:21-23).

하나님은 아담의 일부를 취하셨다. 그래서 여자와 남자는 조화를 이룬다. 하나님은 여자를 약간 다르게 창조하셨다. 그분은 아담의 갈빗대로 여자를 만드셨다. 여기서 '만들다'라는 말은 특별한 솜씨를 발휘한다는 의미를 가지고 있다. 그래서 여자가 남자의 삶에 아름다움을 더하는 것이다. 하나님께서 여자를 만드실 때 남자에게서 취하여 다른 형태로 빚으셨기 때문에 여자는 남자를 돕는 자로서 매우 적합할 뿐 아니라 아름답기까지 하다.

우리 사회는 무조건 독립과 자율만을 강조하기 때문에 돕는 자가 된다는 것을 별로 달가워하지 않는다. 그러나 하나님은 돕는 자를 참으로 고귀한 존재로 여기신다. 성경에서는 이스라엘 백성을 도우시는 언약의 하나님을 묘사할 때 종종 돕는 자라는 말을 사용한다. 모세는 "하나님이 나를 도우사 바로의 칼에서 구원하셨다"(출 18:4)라고 말하면서 기뻐했다. 하나님이 베푸신 가장 큰 도움 가운데 하나는 남자를 위해 여자를 돕는 자로 만드신 것이다. 경건한 아내는 남자에게 참으로 큰 도움이 아닐 수 없다.

한 나이 든 친구가 수십 년 동안 함께 지내 온 사랑스런 아내를 최근에 떠나보냈다. 그의 친구들은 그를 돌봐 주는 아내가 없기 때문에 그가 금방 죽을지도 모른다고 걱정했다. 그가 육체적으로나 감정적으로나 성적으로 큰 만족을 누리며 살아온 것은 모두 그의 아내의 극진한 보살핌 덕분이었다. 그가 능력 있는 사업가가 될 수 있었던 것도 그녀가 그의 삶과 가정을 충실하게 돌봐 준 덕이 컸다. 오늘날 나이 든 남성들이 대부분 그렇듯이, 이 나이 든 친구도 요리나 빨래나 다림질을 전혀 할 줄 모른다. 그는 사는 동안 사랑스럽고 충실한 아내의 도움을 온전히 의지했다. 그가 남들보다 뛰어난 남성이 될 수 있었던 이유는 그의 아내가 뛰어난 여성이었기 때문이다.

하나님은 남편이 아내의 도움을 의지하도록 계획하셨다. 한편 여자에게는 남자를 보살피는 일을 즐거워하고, 남자의 사랑 없이는 만족하지 못하는 속성을 부여하셨다. 어떤 사람들은 결혼을 '필요악'이라고 말하지만, 절대 그렇지 않다. 존 칼빈(John Calvin)은 "여자는 남자의 동무이자 돕는 자가 되어 그가 잘 살도록 돕기 위해 창조되었다"라고 말하면서 "결혼은 남자들의 인생에서 가장 큰 도움이 아닐 수 없다"라고 결론지었다.[2]

결혼의 경이로움과 도전

하나님께서 여자를 남자를 돕는 자로 창조하셨다는 사실에서 결혼의 경이로움과 도전을 발견할 수 있다. 하나님은 여자와 남자가 완전히 하나가 되도록 계획하셨다. 아담은 "이는 내 뼈 중의 뼈요 살 중의 살이라. 이것을 남자에게서 취하였은즉 여자라 부르리라"(창 2:23)라고 말하면서 기뻐했다. 여자는 남자의 소유나 노예가 아니라 남자와 동등한 존재이다. 그러면서도 남자와 여자는 서로 다르다. 남자에게 여자는 참으로 매력적이면서도 신비한 존재가 아닐 수 없다.

여자는 남자와 조화를 이룬다. 그러나 남자와 여자가 다르게 창조되었기 때문에 남편은 아내와 온전히 하나가 되면서도 끊임없이 새로운 사실을 발견하게 된다. 남자와 여자는 서로 다르기 때문에 남편은 아내를 온전히 다 이해하기 어렵다(남녀의 차이는 절대 변하지 않는 현실이다.

---

2) John Calvin, *Genesis*(Edinburgh: Banner of Truth Trust, 1847, reprint 1992), 129.

왜냐하면 하나님께서 그렇게 창조하셨기 때문이다). 나는 결혼한 지 16년이 지났는데도 여전히 아내의 생각과 감정을 이해하기 위해 노력해야 한다. 아내에게 무슨 결함이 있기 때문이 아니라 그녀가 여자이기 때문이다. 하나님께서 그렇게 창조하셨다. 그래서 수십 년 동안 부부로 살아왔다 하더라도 항상 흥미롭고 새로우며 많은 노력이 필요한 것이다.

남녀의 차이에 대해 불평하는 남자들이 많다(남녀의 차이는 죄로 인해 더 커졌다). 왜 여자는 불과 몇 분이면 필요한 것을 살 수 있는데도 몇 시간 동안 쇼핑을 즐기는 것일까? 왜 여자는 항상 서로의 관계에 관해 대화하고 싶어할까? 왜 여자는 해결책이 있는데도 문제를 곱씹는 것을 좋아할까? 왜 여자는 의사소통이 어렵고, 때로는 사이좋게 지내기가 힘들까?

굳이 죄의 문제를 생각하지 않더라도, "하나님께서 그렇게 계획하셨기 때문이다"라는 대답만으로도 충분하다. 하나님께서 여자를 왜 만드셨으며 어떻게 만드셨는지만 알아도 큰 도움이 된다. 하나님은 남자들끼리 어울리며 노는 식으로 결혼을 계획하시지 않았다. 남자들은 먹을 것이나 볼거리나 놀거리만 있으면 서로 친구가 될 수 있다. 그러나 여자와 어울리려면 모든 것이 훨씬 더 힘들어진다(여성들의 사회가 훨씬 더 복잡한 것처럼 보이지만, 여자들도 여자들끼리는 서로 잘 어울린다). 도대체 그 이유가 무엇일까? 하나님께서 그렇게 만드셨기 때문이다. 하나님은 자신이 주고 섬기고 사랑하시는 것처럼, 하나님의 형상으로 창조된 남자들도 주고 섬기고 사랑하는 법을 배우기를 원하신다. 그러므로 기독교인 남성은 결혼이라는 학교에서 하늘에 계신 아버지 하나님처럼 되는 법을 배워야 한다.

사랑은 쉽지 않다

서로 다른 종류의 사랑을 살펴보는 데서부터 시작해 보자. 사랑이라는 의미를 가진 성경 용어는 모두 네 가지이다. '스토르게(storge)'는 가족 간의 사랑을 의미한다(우리는 가족들을 사랑해야 한다). '에로스(eros)'는 성적인 사랑을 의미하고, '좋아하다'라는 뜻의 '필레오(philos)'는 '받는 사랑'을 가리킨다. 남성들이 결혼을 통해 얻으려는 사랑은 대부분 여기에 해당한다. 남편이 아내에게 "사랑해"라고 말하는 것은 '당신은 나를 기분 좋게 만들어'라거나 '당신 때문에 기분이 좋아'라는 뜻이다. 상황에 따라 달라지는 자기중심적인 사랑은 누구나 쉽게 할 수 있다. 그러나 하나님은 네 번째 종류의 사랑, 곧 '아가페(agape)' 사랑을 요구하신다. '아가페'는 하나님께서 우리에게 베푸시는 바 '주는 사랑'을 가리킨다. 바울은 "남편들아, 아내를 사랑하라"(엡 5:25 참고)라고 말할 때 '아가페'라는 용어를 사용한다.

하나님은 우리를 항상 기분 좋게 만들고자 결혼을 계획하시지 않았다. 하나님은 기독교인 남편이 아내에게 "사랑해"라고 할 때, "당신이 나에게 주어야 해"가 아니라 "내가 당신에게 줄 거야"라는 의미로 말하기를 원하신다. 남편은 아내에게 자신을 주는 사랑을 베풀어야 한다. 하나님은 우리를 위해 독생자를 내주심으로써 그런 사랑을 베푸셨다.

독생자를 내주신 하나님의 사랑은 참으로 값비싼 희생이 아닐 수 없다. 하나님은 남편이 아내에게 그런 값비싼 사랑을 베풀기를 원하신다. 간단히 말해, 아내를 사랑하는 것은 쉽지 않다. 하나님은 그런 사랑을 쉽게 할 수 있도록 만드시지 않았다. 사랑이 쉽다면 귀하지 않을 것이다. 하나님은, 아내를 온전히 이해할 수 없고 생각과 감정이 다르며 희생이 뒤따르더라도 기꺼이 사랑하기를 바라신다. 하나님께서 남자의 삶에서 이루고자 하시는 가장 큰 목적은 그로 하나님의 사랑을 본받게 하시는 것이다. 하나님은 결혼이라는 보완책을 통해 우리에게 아가페의 사랑을 가르쳐 주고자 하신다.

남편은 아내를 온전히 이해할 필요도 없고, 온전히 이해할 수도 없다. 하나님은 남편과 아내에게 서로 똑같아지거나 서로 온전히 이해하라고 요구하시지 않는다. 남편과 아내의 생각과 감정이 서로 다른 것은 하나님의 창조 계획에 따른 것이다. 남자와 여자의 근본적인 차이는 절대 변하지 않는다. 여자는 남자와 닮았지만, 또한 항상 남자와 다르다. 여자는 남자를 보완하기 위해 특별히 창조된 돕는 자이다.

사랑하는 법

그렇다면 남자는 하나님께서 허락하신 여자와 어떤 관계를 맺어야 할까? 이 질문에 대해 창세기 2장의 마지막 부분이 대답한다. 창세기 2장 24,25절은 남편이 아내를 사랑하는 법에 관해 이렇게 가르친다.

"이러므로 남자가 부모를 떠나 그의 아내와 합하여 둘이 한 몸을 이룰지로다. 아담과 그의 아내 두 사람이 벌거벗었으나 부끄러워하지 아니하니라."

하나님은 이 말씀을 통해 남자가 지도자가 되어 이끌어야 할 결혼 관계에 대해 구체적으로 가르치신다. 그 가르침은 남편을 돕는 아내에게도 똑같이 적용된다. 그러나 하나님은 특히 남자에게 "아내와 합하라"라고 지시하셨다. 이전의 번역 성경들은 이 말을 "굳게 결합하라"라고 번역하였는데, 이는 풀로 종이를 단단히 붙이는 것을 연상시킨다. 이것이 바로 하나님께서 남편과 아내에게 원하시는 모습이다. 그분은 남편과 아내가 서로 연합하기를 원하신다.

연합은 우리를 변화시킨다. 연합하기 위해서는 서로 양보할 것을 양보하고, 이전과는 다른 삶을 살아야 한다. 하나님은 남자가 혼자 살도록 만드시지 않았다. 아담을 에덴동산에 두신 하나님은 그가 도구와 장난감에만 몰입해 자기중심적으로 살도록 방치하시지 않았다. 하나님은 아담에게 맡기신 곳을 그가 경작하고 지키고 가꾸고 보호하기를 원하셨다.

하나님께서 원하시는 사람이 되기 위한 첫째 단계는 결혼하는 것이다. 결혼은 이기적인 삶을 버리고, 아내와 맺은 관계를 통해 남자의 소명을 이룰 수 있는 기회를 제공한다. 경건한 결혼 생활을 영위하는 남자라면 누구나 결혼이 우리를 유익하게 한다고 말할 것이다. 하나님께서 지으신 돕는 자, 곧 나를 사랑하고 섬기는 배필을 맞이한다는 것은 참으로 좋은 일이다. 특히 결혼은 독신으로 지낼 때나 가능한 자기중심적인 삶을 버리고, 아내를 위해 남성으로서의 능력과 장점을 마음껏 발휘하게 한다.

창세기 2장은 남자에게 결혼을 허락하신 하나님의 의도를 이해하는 데서부터 올바른 결혼관이 시작된다고 가르친다. 일하고 지키는 활동을 통해 만족을 얻고, 하나님께서 '돕는 배필'로 허락하신 여자와 결혼해 연합하는 것이 남자의 소명이다. 하나님은 선하시기 때문에 여자를 만드셨다. 이 여자는 남자를 돕는 자로서 만족을 얻을 수 있도록 창조되었다.

앞서 말한 대로, 하나님께서 우리에게 원하시는 것은 영적인 능력과 성숙함을 통해 그분의 형상을 드러내는 것이다. 대부분의 남성들은 결혼하지 않고서는 하나님께서 허락하신 충만한 삶을 누릴 수 없다. 그래서 아담이 혼자 있는 것이 '좋지 않았던' 것이다. 인간의 주된 목적은 하나님을 영화롭게 하고, 그분을 영원히 즐거워하는 것이다. 그리고 결혼의 주된 목적은 남자와 여자가 경건한 사랑을 주고받으면서 하나가 되어 하나님을 알고 영화롭게 하는 것이다.

묵상과 나눔을 위한 질문

1. 남자가 혼자 있는 것이 좋지 않은 이유는 무엇인가? 젊은 사람들이 결혼을 기피하는 이유는 무엇인가? 하나님은 왜 남자가 결혼하기를 원하시는가?

2. 개가 인간의 가장 친한 친구가 될 수 없는 이유는 무엇인가? 남편과 아내의 관계를 통해 이루고자 하시는 하나님의 목적은 무엇인가? '돕는 배필'이란 무슨 의미인가?

3. 당신이 결혼했다면, 아내에게 어떤 사랑을 주고 있는가? 아내를 사랑하는 것이 쉬운가? 하나님은 사랑을 받지만 말고 베풀기를 바라시지만, 남자들은 대개 그렇게 하기를 어려워한다. 그 이유는 무엇인가? 아내를 잘 보살피고, 서로의 관계를 좀 더 친밀하게 만들려면 어떻게 기도해야 할까?

4. 당신이 아직 결혼하지 않았다면, 결혼하지 못하는 이유가 무엇인가? 하나님께 아내를 허락해 달라고 기도하라.

Chapter 7
결혼에 관한 저주와 구원

"여자는 저주받았다!" 대학 시절에 한 친구가 여자 친구와 결별하고 나서 내뱉은 말이다. 우리는 같은 남자로서 그 말에 동의한다는 뜻으로 한목소리로 "여자는 저주받았다!"라고 화답했다. 이 말에는 여자라는 존재가 이해하기 매우 힘들며 절대 우리 남성이 원하는 대로 행동하지 않는다는 의미가 담겨 있었다. 그것이 남자 친구들과 어울리는 것이 우리에게 더 쉽고, 여성들을 업신여기며 가능한 한 결혼을 미루려고 애쓴 이유였다.

그러나 앞 장에서 언급한 대로, 남자가 여자를 도무지 이해할 수 없다는 점 자체가 사실은 하나님께서 우리에게 복 주기 위해 세우신 계획이다. 이 점만 잊지 않는다면, 내 친구의 말은 모두 사실이다. 여자는 저주받았다. 물론 남자도 마찬가지이다. 죄 때문에 남자와 여자에게 저주가 임했고, 그 결과 결혼이 많은 사람들에게 힘겨운 도전일 뿐만 아니라 거의 풀기 어려운 과제가 되고 말았다. 오늘날 미국에서 이혼율이 날로 치솟는 이유는 죄로 인한 저주가 결혼에 영향을 미치기 때문이다. 심지어 기독교인들조차도 남자와 여자 자체는 물론 그들의 결혼에까지 하나님의 저주가 임한 탓에 온갖 고통과 죄와 고초를 겪는다. 모순적이게도, 그 모든 해악이 하나님께서 우리에게 복 주기 위해 계획하신 제도에서 비롯된다.

아담의 선택

기독교인이라면 누구나 인간의 타락을 다루는 창세기 3장에 정통해야 한다. 왜냐하면 인간의 타락으로 인해 예수님이 고난받고 죽임을 당하셨기 때문이다. 창세기 2장에 기록된 대로, 인간의 타락은 하나님께서 인류의 첫 조상에게 선악을 알게 하는 나무의 열매를 먹지 말라고 명령하신 일에서부터 시작한다. 하나님은 그들이 그 나무의 열매를 먹는 날에는 반드시 죽을 것이라고 경고하셨다(창 2:17 참고). 그런데 뱀이 여자를 속여 그 열매를 따 먹도록 유혹했다(창 3:1-6 참고). 그리고 창세기 3장 6절은 "여자가 그 열매를 따 먹고 자기와 함께 있는 남편에게도 주매 그도 먹은지라"라고 말한다. 아담은 아내가 이미 한 입 베어 먹은 열매를 그녀에게서 건네받았다.

사탄이 남자와 여자의 관계를 이용해 하나님께서 지으신 세계를 파괴하기 시작했다는 사실에 주목하라. 아담은 아내에 대한 사랑과 신의 때문에 죄를 지었다. 이런 사실은 사탄의 유혹이 매우 교활할 뿐만 아니라, 더 중요하게는 결혼이 하나님의 계획에서 큰 비중을 차지한다는 것을 여실히 보여 준다. 사탄은 남자와 여자의 취약점을 노려 유혹의 손길을 뻗었다. 사탄은 남자와 여자의 관계에 위협적인 요소가 내포되어 있다는 사실을 간파했다. 어떤 사람들은 "결혼은 나쁜 것이다"라고 말한다. 그러나 사실은 그와 정반대이다. 결혼은 사탄이 최초의 공격 목표로 삼았을 만큼 좋은 것이었다.

사탄의 교활한 공격 때문에 아담은 진퇴양난에 빠졌다. 그는 여자와 하나님, 선물과 선물을 주신 분을 선택해야 하는 갈림길에 섰다. 열매를 거부하면 하나님을 위해 아내를 저버리는 것이 되고, 열매를 먹으면 아내를 위해 하나님을 저버리는 것이 되었다. 아담은 결국 하나님이 아닌 아내를 선택했다. 하나님보다 그녀를 더 사랑했기 때문이다.

아담은 자신이 처한 난감한 상황을 올바로 파악하지 못했다. 그가 만난 문제는 단순히 이것이냐 저것이냐를 선택해야 하는 것이 아니었다. 만일 아담이 하와의 죄를 위해 하나님께 도우심을 구했다면, 틀림없이 결과가 매우 달라졌을 것이다. 아담이 하와에게 동조해 하나님의 명령을 어긴 것은 잘못된 결정이었다. 하나님의 선물은 오직 그분께 복종할 때만 복을 가져다준다. 그런데 아담은 하와와 함께 죄를 선택했다. 즉, 선물을 주신 하나님 대신에 선물을 선택했다. 그래서 그는 사탄의 교활한 덫에 걸려들어 하나님의 저주를 받고 말았다. 아담은 단지 죄를 선택한 것이 아니다. 그는 하나님 대신 아내(그분의 선물)를 선택했고, 그로 인해 타락했다.

오늘날에도 타락한 인간은 그런 식으로 죄를 짓는다. 타락한 인간은 하나님의 선물과 복을 바랄 뿐, 정작 그 모든 것을 허락하시는 하나님과는 아무런 관계도 맺으려고 하지 않는다. 우리는 선물만 받아들이고, 선물을 주시는 하나님은 거부한다. 이런 현상은 삶의 영역 중에서도 특별히 남녀 관계에서 가장 분명하게 나타난다. 믿지 않는 남자는 제멋대로 여자를 동반자로 삼아 즐거움을 만끽한다(특히 성적인 만족에 관심을 기울인다). 그들은 자기들이 좋다고 생각하는 하나님의 선물만을 취한다. 그 결과 우리 사회에서 결혼과 성관계가 복이 아니라 저주가 될 가능성이 높아졌다.

창세기 3장의 기록은 행복한 이야기와는 거리가 멀다. 에덴동산에서 일어난 인간의 타락으로 인해 죄가 결혼에 매우 크고도 심각한 악영향을 미치게 되었다. 이번 장은 대부분 이 문제를 다루는 데 할애할 생각이다. 이 문제는 반드시 다루어야 한다. 왜냐하면 죄에 대처하려면 그것을 효과적으로 해결하는 방법을 알아야 하기 때문이다. 이제부터 이어질 내용을 읽으면서 희망의 불씨를 찾으려고 노력하는 독자들은, 이번 장이 끝날 즈음 창세기 3장에서 시작된 문제를 해결할 방법을 깨닫고 기뻐하게 될 것이다.

관계의 파괴

최초의 죄로 말미암아 나타난 변화는 죄 자체만큼이나 암시하는 바가 크다. 우리가 관심을 기울여야 할 첫째 변화는, 죄가 남자와 여자의 관계를 즉시 파괴하기 시작했다는 것이다.

"이에 그들의 눈이 밝아져 자기들이 벗은 줄을 알고 무화과나무 잎을 엮어 치마로 삼았더라"(창 3:7).

자유롭고 친밀했던 사랑의 관계가 죄에 오염되자 '불쾌하고 부끄러운 것'으로 바뀌었다.[1] 그 결과 그들은 무화과나무 잎을 엮어 치마로 삼았다. 이것이 오늘날 우리가 살아가는 방식이다. 우리의 마음과 생각이 죄로 오염되었기 때문에 다른 사람들에게 우리를 솔직하게 보여 주기가 어렵다. 때로는 우리와 가장 가까운 사람들에게조차도 우리를 숨기기도 한다. 우리의 자기 보호 방책은 첫 조상이 사용한 방책만큼이나 초라하기 그지없다. 무화과나무 잎으로 몸을 가린다고 해서 별로 달라질 것은 없다. 죄로 인해 잃게 된 것을 회복하고 하나님께서 의도하신 결혼의 연합을 되살리는 방법은 오직 용서와 회개뿐이다.

그러나 죄로 인해 남자와 여자의 관계가 파괴되었다는 사실보다 하나님과 인간의 관계가 파괴되었다는 사실이 훨씬 더 중요하다. 아담과 하와는 '그날 바람이 불 때 동산에 거니시는 여호와 하나님의 소리를

---

[1] Victor P. Hamilton, *The Book of Genesis, Chapters 1–17*(Grand Rapids: Eerdmans, 1990), 191.

듣고' 나무 사이에 숨었다(창 3:8 참고). 그들이 선하고 사랑 많으신 하나님을 피해 숨었다는 것은 그 어떤 것보다도 죄의 악영향을 더 잘 보여 준다. 하나님께서 아담에게 왜 그렇게 행동하는지를 물으시자, 그는 "내가 벗었으므로 두려워하여 숨었나이다"(창 3:10)라고 대답했다. 하나님은 "누가 너의 벗었음을 네게 알렸느냐. 내가 네게 먹지 말라 명한 그 나무 열매를 네가 먹었느냐"(창 3:11)라고 물으셨다.

우리는 여기에서 죄의 파괴적인 영향력을 분명히 확인할 수 있다. 죄는 여자는 물론 하나님으로부터도 남자를 떼 놓았다. 아담은 다시 이렇게 대답했다.

"하나님이 주셔서 나와 함께 있게 하신 여자, 그가 그 나무 열매를 내게 주므로 내가 먹었나이다"(창 3:12).

아담은 책임 전가에 능한 남성의 속성을 고스란히 드러낸 최초의 남자가 되었다. 그는 하와에게 잘못을 뒤집어씌웠다. 그는 자기만 살 요량으로 하와를 배신했다. 죄가 에덴동산에 들어오기 전까지만 해도, 아담은 여자를 큰 복으로 알고 경탄했다(창 2:23 참고). 그러나 죄를 지은 후에는 그녀를 멸시하고, 그녀와 자신을 맺어 주신 하나님을 비난했다.

하와의 태도도 비열하기는 마찬가지였다. 그녀도 자신의 잘못을 인정하지 않고 뱀을 탓했다(아마도 그녀는 속으로 하나님이 자신을 보호해 주시지 않았다고 불평했을 것이다). 그녀는 "뱀이 나를 꾀므로 내가 먹었나이다"(창 3:13)라고 말했다.

죄는 모든 것을 망쳐 놓았다. 죄의 위력은 오늘날에도 조금도 약해지지 않았다. 죄는 지금도 여전히 사람들의 삶과 결혼 관계를 파괴한다. 아담처럼 남자들도 자신의 죄를 고백하기보다는 아내를 비난하고 저주하기를 더 좋아한다. 아내와의 갈등 때문에 하나님과의 관계까지 흔들리는 남자들도 있고, 하나님과 관계를 올바로 맺지 못한 탓에 아내를 희생적으로 사랑하지 못하는 남자들도 있다.

우리의 실패로 인해 저주를 받게 된 결혼 관계

상황은 그것으로 일단락되지 않았다. 하나님의 반응으로 인해, 상황은 더욱 심각해졌다. 창세기 2,3장에는 하나님께서 남자와 여자를 저주하신 내용이 기록되어 있다. 나는 이 기록만큼 결혼 관계의 어려움을 정확하게 표현한 것은 없다고 생각한다.

여자에게 주어진 하나님의 저주

하나님께서 여자를 먼저 저주하신 이유는 그녀가 먼저 죄를 지었기 때문인 듯하다.

"또 여자에게 이르시되 내가 네게 임신하는 고통을 크게 더하리니 네가 수고하고 자식을 낳을 것이며, 너는 남편을 원하고 남편은 너를 다스릴 것이니라 하시고"(창 3:16).

오늘날 죄가 결혼한 여성에게 미치는 영향을 생각하면, 이 두 마디의 저주가 문제의 정곡을 찌른다는 것을 알 수 있다.

• 고통

많은 점에서 볼 때 출산은 여성으로서 겪을 수 있는 최고의 경험이다. 그런데 그것이 하나님의 저주로 인해 두렵고도 고통스러운 경험으로 바뀌었다. 하나님께서 저주하시지 않았다면, 임신과 출산의 고통도 없었을 것이다. 임신과 밀접하게 관련된 여성의 생리 현상도 고통스럽지 않고, 또 호르몬의 변화 때문에 나타나는 감정의 기복에도 시달리지 않았을 것이다(생리 현상으로 인한 감정의 기복은 여성들은 물론 때로 남성들에게까지 심각한 영향을 미치곤 한다).

• 갈등

하나님의 두 번째 저주는 결혼 관계에 좀 더 직접 영향을 미친다.

"너는 남편을 원하고 남편은 너를 다스릴 것이니라."

이것이 남자와 여자 사이에서 발생하는 많은 갈등의 원인이다. 여자는 남자를 돕는 자로 창조되었지만, 이제 오히려 남자를 원하는 그 마음이 저주가 되고 말았다.

여기서 '원하다'로 번역된 히브리어는 이곳을 제외하면 성경에서 두 차례 더 사용되었다. 하나는 아가서인데, 남자의 성적 욕구를 뜻하는 것으로 쓰였다.

"나는 내 사랑하는 자에게 속하였도다. 그가 나를 사모하는구나"(아 7:10).

여자들이 건전하지 못한 욕망으로 남자들을 바라보며 관계를 맺으려고 하는 성향을 지니게 된 이유는, 하나님께서 여자를 그렇게 저주하셨기 때문이다.

또 다른 하나는 창세기에 있다. 하나님은 가인에게 죄를 다스리라고 경고하시면서 "죄가 문에 엎드려 있느니라. 죄가 너를 원하나"(창 4:7)라고 말씀하셨다. 여기에 나타난 '원하나'라는 말에는 다스림과 통제라는 개념이 담겨 있다. 이 두 가지 개념을 종합해 볼 때, 여자에게 내려진 하나님의 저주가 바로 남자를 소유하고 지배하고 싶어하는 건전하지 못한 욕망에 사로잡히는 것이라고 결론지을 수 있다.

실제로 이런 부부들이 헤아릴 수 없이 많다. 많은 남자들이 아내의 통제가 지나칠 뿐만 아니라 너무 많은 것을 기대하며 요구한다고 느끼곤 한다. 그래서 남자는 "남편은 너를 다스릴 것이니라"라는 하나님의 말씀대로 그런 아내를 다스리려고 애쓴다.

이것은 몇몇 여성들만의 문제가 아니다. 하나님의 저주는 여성과 결혼에 전반적으로 영향을 미친다. 이 말이 믿기지 않는다면, 아무 잡지나 골라 거기에 실린 여성에 관한 기사를 읽어 보라. 거의 모든 여성 잡지에서 공통적으로 다루는 기사가 무엇인가? 기사의 주제가 성적인 것이든 다이어트든 요리든 바느질이든, 모두 남자를 소유하고 지배하는 데 초점을 맞추고 있음을 확인할 수 있을 것이다. 그 모든 것의 배후에는 인류의 첫 조상인 하와에게 임한 하나님의 저주가 있다.

"너는 남편을 원하고 남편은 너를 다스릴 것이니라."

하나님의 저주는 아담과 하와에 대한 징벌이다. 이런 하나님의 징벌은 죄가 남녀 관계에 미친 영향을 더욱 커지게 만들었다.

남자에게 내려진 하나님의 저주

여자가 저주를 받았다고 해서 남자는 괜찮을 것이라고 좋아한다면 큰 오산이다. 여자에게 저주가 내려지자마자 곧이어 남자에게도 저주가 내려졌다.

"아담에게 이르시되 네가 네 아내의 말을 듣고 내가 네게 먹지 말라 한 나무의 열매를 먹었은즉, 땅은 너로 말미암아 저주를 받고 너는 네 평생에 수고하여야 그 소산을 먹으리라. 땅이 네게 가시덤불과 엉겅퀴를 낼 것이라. 네가 먹을 것은 밭의 채소인즉 네가 흙으로 돌아갈 때까지 얼굴에 땀을 흘려야 먹을 것을 먹으리니 네가 그것에서 취함을 입었음이라. 너는 흙이니 흙으로 돌아갈 것이니라 하시니라"(창 3:17-19).

아담은 최초의 가정을 이끈 가장이었기 때문에 그의 죄는 하와의 죄보다 더 넓은 데까지 영향을 미쳤다. 하나님의 저주는 아담이 가꾸고 지켜야 할 땅에까지 확대되었다. 이 사실을 기억할 때, 우리가 사랑하는 사람들의 안전을 가장 위협하는 요소가 바로 우리 자신의 죄에서 비롯된다는 점을 다시금 인식하게 된다. 아담이 노동을 통해 하나님의 형상을 드러내야 할 곳이 저주를 받았다. 그로 인해 땅은 가시덤불과 엉겅퀴와 같은 잡초들이 무성하게 자라는 곳으로 변했고, 힘들게 일해야만 양식을 생산할 수 있게 되었다. 그래서 지금 우리 집 마당에 잡초가 우거지고, 우리가 노동 때문에 종종 몸과 마음이 지치며, 모든 일이 끝난 뒤에 죽음이 우리를 기다리게 되었다.

죄는 하나님께서 창조하신 모든 것에 저주를 가져오는 결과를 낳았다. 이것이 죄가 하는 일이다. 죄는 상황을 고통스럽게 만든다. 하나님은 남자에게 에덴동산을 가꾸게 하셨다. 남자는 사랑하는 아내를 곁에 두고, 땅을 경작하고 안전하게 지키면서 풍성한 열매를 맺어야 했다. 그런데 죄로 인해 이런 남자의 외적인 활동성이 아내에게 무관심할 만큼 지나치게 변했다. 이런 현상이 거의 모든 결혼 관계에서 확인된다. 남자가 지나치게 일에 몰두하는 탓에 여자는 깊은 소외감을 느낀다. 게다가 남자는 일하지 않는 시간에는 여러 가지 오락(자동차, 음악, 운동, 그림, 우표 수집 등)에 관심을 기울인다.

남성 잡지에서 이런 사실을 확인할 수 있다. 남성 잡지는 아내와의 관계 밖에서 이루어지는 일들, 곧 일과 운동, 정치, 경제와 같은 문제를 다룬다. "여자도 다루지 않습니까?"라고 반문할지도 모른다. 물론이다. 그러나 남성 잡지는 여성을 진정한 사랑의 대상으로 다루지 않는다. 타락한 남자들은 여성을 노리개나 소유물처럼 생각한다.

하나님의 저주 때문에 여자는 남자를 잘못되게 사모하는 속성을 지니게 되었고, 남자는 여성을 멀리하려는 속성을 지니게 되었다. 결혼 상담은 대부분 다양한 문제를 다루지만, 그 핵심을 "당신은 나에게 너무 무관심해요"(아내)와 "당신은 요구하는 것이 너무 많고 잔소리가 심해요"(남편)라는 말로 간단히 요약할 수 있다. 이처럼 하나님의 저주로 인해 아내는 남편을 지배하려는 욕구에 사로잡히게 되었고, 남편은 아내와의 관계를 외면한 채 자신의 일과 재미에만 몰두하게 되었다.

저주의 목적

여기서 우리는 "하나님께서 왜 그렇게 하셨을까? 아담과 하와에게 그런 고통을 주느니 차라리 그들을 죽이는 편이 더 낫지 않았을까?"라고 궁금해하지 않을 수 없다. 그러나 하나님은 처음부터 우리를 위한 구원 계획을 가지고 계셨다. 심지어 저주까지도 구원을 염두에 두신 계획이었다.

아담이 하와에게서 하나님이 먹지 말라고 명하신 열매를 건네받았을 때, 그는 선물을 주신 하나님보다 선물을 선택했다. 그러자 하나님은 그들을 저주하심으로써 아담이 스스로 얻으려고 노력한 것을 얻지 못하도록 가로막으셨다. 즉, 하나님의 권위에 복종하지 않고 결혼을 통해 얻고자 한 기쁨을 누릴 수 없게 하셨다. 하나님의 저주에는 '네 마음을 나에게로 돌이키지 않으면 결혼 생활의 기쁨을 얻을 수 없다'는 뜻이 담겨 있었다.

하나님께서 결혼 관계를 저주하셨기 때문에 오직 그분만이 이 문제를 해결하실 수 있다. 그러므로 그리스도의 은혜가 없으면 결혼 생활에 아무런 희망도 없다. 이혼하는 부부가 지금처럼 많아진 것도 이런 이유 때문이다. 남녀가 겪는 결혼 생활의 갈등은 하나님께 복종하고 성경에 귀를 기울임으로써 그분을 다시금 우리의 삶의 중심에 모시도록 이끄는 계기가 될 수 있다.

하나님의 저주가 구원을 위한 것이라는 증거가 저주 자체에서 발견된다. 그 증거가 남자와 여자보다 먼저 뱀에게 주어진 저주 안에 숨겨져 있다. 하나님은 뱀에게 평생 배로 기어 다니면서 흙을 먹어야 한다고 말씀하시고 나서, "내가 너로 여자와 원수가 되게 하고 네 후손도 여자의 후손과 원수가 되게 하리니 여자의 후손은 네 머리를 상하게 할 것이요 너는 그의 발꿈치를 상하게 할 것이니라"(창 3:15)라고 사탄을 저주하셨다.

이 저주는 아담과 하와의 경건한 자손들과 경건하지 못한 자손들 사이에 항상 싸움이 있을 것을 암시한다. 사탄은 모든 사람을 거룩하지 못한 자신의 뜻에 복종하게 만들 수 없다. 하나님은 여자의 특별한 자손에 대해 약속하시면서, "여자의 후손은 네 머리를 상하게 할 것이요 너는 그의 발꿈치를 상하게 할 것이니라"라고 말씀하셨다. 이것은 여자의 후손으로 태어나 고난당하고 십자가에서 죽임을 당하실 예수 그리스도에 의해 사탄이 결정적으로 패배할 것을 예언한다. 예수님은 사탄의 머리를 상하게 하실 것이다. 즉, 예수님은 하나님의 진노를 남김없이 감당하시고 우리를 죄에서 구원하기 위해 십자가에서 죽으심으로써 사탄의 왕국을 송두리째 무너뜨리실 것이다.

남자와 여자를 구원하시는 하나님의 은혜는 저주가 선언된 직후에 그분이 취하신 행동을 통해서도 또다시 확인된다.

"여호와 하나님이 아담과 그의 아내를 위하여 가죽 옷을 지어 입히시니라"(창 3:21).

하나님은 아담에게 죄를 지으면 죽으리라고 경고하셨다(창 2:17 참고). 그 경고는 사실이었다. 그러나 아담을 대신해 죄의 형벌을 당한 대속물이 있었다. 아담과 하와는 죄 없는 동물의 가죽으로 만든 옷을 입었다. 이것은 인류의 죄를 위해 죽으실 하나님의 어린양, 곧 예수님의 속죄 사역을 예표한다(요 1:29 참고). 우리는 여기서 그리스도의 의가 전가된다는 진리, 즉 하나님께서 그리스도의 의로 우리를 덧입히신다는 진리를 발견할 수 있다. 인간은 구원자의 약속을 믿는 믿음을 통해 하나님과 올바른 관계를 맺고, 그분의 복을 누릴 수 있다. 이런 일이 일어나고 나서야 비로소 아담은 자기 아내의 이름을 지어 주었다. 나는 아담이 아내의 이름을 지어 준 이유가 그녀의 몸에서 태어나실 메시아에 관한 하나님의 약속을 공유한다는 뜻을 표현하는 것이 아니었나 생각한다.

"아담이 그의 아내의 이름을 하와라 불렀으니 그는 모든 산 자의 어머니가 됨이더라"(창 3:20).

회복의 희망

이번 장 마지막에서부터 다음 장에 걸쳐 결혼에 관한 신약성경의 가르침을 살펴볼 생각이다. 그전에 먼저 창세기 2장과 3장을 통해 죄와 구원에 관해 배운 내용을 다시 정리해 보는 것이 좋을 듯하다.

- 죄의 영향은 일정한 규칙성을 띤다. 죄는 하나님과의 관계를 단절

시킨 것처럼 사람과의 관계를 단절시키고, 죄책감을 심어 준다. 이런 죄책감은 서로 신뢰하지 못하게 만들거나 친밀한 관계를 맺지 못하도록 방해한다.

• 하나님의 저주로 인해 여자는 남자를 소유하고 지배하려는 건전하지 못한 욕망을 갖게 되었다. 그래서 결혼의 갈등이라는 피할 수 없는 결과가 발생한다. 남자의 경우에는 에덴동산을 가꾸고 지키라는 본래의 소명에서 벗어나 일과 놀이에 도취되어 아내에게 관심을 거의 기울이지 않게 되었다.

• 하나님은 우리가 그 모든 어려움을 통해 다시 돌아오기를 원하신다. 예수님을 통해 죄를 용서받고 의롭다하심을 받으면 하나님과의 관계를 회복할 수 있다. 자기 의(무화과나무 잎)를 버리고, 다른 사람에게 책임을 전가하는 일을 중단하고, 죄를 고백하고 그리스도의 의로 옷 입으라. 그리하면 하나님은 우리는 물론 우리와 가장 가깝고 중요한 관계를 맺고 있는 사람들을 치유하시고, 결혼 생활의 갈등을 극복하게 도와주실 것이다.

이처럼 시작은 파괴적이고 비극적이었을지라도 마지막에는 기쁨과 구원을 얻게 된다. 바울은 기독교인에게 주어진 회복과 소생의 희망을 잘 요약한다. 그는 골로새서 3장 12,13절에서 하나님께서 예수 그리스도 안에서 우리에게 허락하신 복을 언급하면서, 우리가 모든 죄를 용서받고 "하나님이 택하사 거룩하고 사랑받는 자"가 되었다고 말한다.

우리가 하나님의 은혜를 누리게 된 것은 모두 그분이 그리스도 안에서 우리를 구원의 백성으로 선택하신 덕분이다. 하나님은 구원과 새 생명을 허락하기 위해 우리를 거룩하게 구별하셨다. 하나님은 우리를 사랑하는 자녀로 받아들여 아버지로서 사랑을 베푸신다. 바울은 "너희는 하나님이 택하사 거룩하고 사랑받는 자처럼 긍휼과 자비와 겸손과 온유와 오래 참음을 옷 입고"(골 3:12)라고 말한다. 하나님께서 예수 그리스도 안에서 우리에게 회복의 복을 베푸셨기 때문에 다른 사람들과의 관계가 새로워질 수 있고, 또 그런 은혜의 능력이 아내와의 관계에까지 영향을 미치게 되었다. 그런데 죄는 우리가 이런 미덕을 실천하지 못하게 방해한다. 아담은 죄의 영향으로 아내를 비난하면서까지 책임을 모면하려고 애썼다. 그러나 그리스도 안에서 하나님의 용서를 받아 거룩하게 된 기독교인 남성은 '긍휼과 자비와 겸손과 온유와 오래 참음으로' 아내를 대할 수 있다.

이것은 참으로 놀라운 변화가 아닐 수 없다. 바울은 "누가 누구에게 불만이 있거든 서로 용납하여 피차 용서하되"(골 3:13)라고 덧붙인다. 내가 그리스도의 보혈로 용서받은 사실을 생각하면, 아내를 용서할 수 있고, 마찬가지로 나에게 잘못하거나 나를 실망시킨 사람을 얼마든지 용서할 수 있다.

"이 모든 것 위에 사랑을 더하라. 이는 온전하게 매는 띠니라. 그리스도의 평강이 너희 마음을 주장하게 하라. 너희는 평강을 위하여 한 몸으로 부르심을 받았나니 너희는 또한 감사하는 자가 되라. 그리스도의 말씀이 너희 속에 풍성히 거하여"(골 3:14-16).

　죄의 저주가 그리스도 안에서 어떻게 극복되었는지 이해했는가? 이런 성경의 진리는 단지 결혼식을 아름답고 훈훈하게 만드는 정서적 분위기를 조성하기 위한 것이 아니다. 하나님께서 주신 회복의 은혜로 말미암는 진정한 삶의 변화를 깨우치기 위한 것이다. 아내를 온전히 이해해야만 아내를 사랑할 수 있는 것이 아니다. 아내가 오로지 나를 위한 이기적인 생각에 순순히 복종할 때까지 사랑을 보류할 권리가 나에게는 없다. 나는 하나님의 구원의 은혜를 받았으므로 그리스도 안에서 자유롭게 아내를 사랑할 수 있다. 하나님께서 나를 용서하셨기 때문에 나도 진정으로 아내를 용서할 수 있다. 하나님께서 나를 용서하셨기 때문에 나도 아내를 위해 기쁘게 헌신할 수 있다. 하나님께서 나에게 긍휼을 베풀어 주셨기 때문에 나도 긍휼을 베풀 수 있고, 하나님께서 나에게 은혜를 베풀어 주셨기 때문에 나도 은혜를 베풀 수 있다. 아내와 나의 관계 안에 하나님의 말씀이 거하기 때문에 은혜 안에서 함께 성장할 수 있고, 샘에서 물을 길어 올리듯이 하나님께서 우리에게 베푸신 구원의 사랑을 더욱더 깊이 체험하면서 서로 사랑하는 법을 더 많이 배워 나갈 수 있다.

　앞 장에서 말한 대로, 지식은 큰 변화를 가져온다. 진리를 아는 지식은 인간이 어떻게 잘못되었고, 특히 남자와 여자의 관계가 어떻게 틀어졌는지를 이해하는 데 큰 도움이 된다. 무엇보다 진리를 아는 지식은 하나님께서 우리의 죄를 짊어지신 어린양 예수 그리스도를 믿는 믿음을 통해 우리에게 베푸시는 은혜를 깨닫도록 도와준다. 하나님은 베푸시는 분이다. 그리고 우리는 그분의 존귀하심을 깨달아 그분을 우리의 예배와 삶의 중심에 모셔야 한다. 우리는 그리스도를 믿는 믿음을 통해 하나님께로 다시 돌아가야 하고, 그분을 우리의 삶과 결혼 생활의 중심에 모셔야 한다. 그래야만 하나님께서 우리에게 풍성한 은혜를 베푸신 것처럼, 우리도 다른 사람들에게 은혜를 베풀 수 있다.

묵상과 나눔을 위한 질문

1. 하나님의 선물만 좋아하고 선물을 주시는 하나님은 거부하는 인간의 부패한 본성을 경험하고 있는가? 왜 그것이 문제인가?

2. 여자에게 남자를 소유하고 지배하려는 성향이 있다는 말이 옳은가? 하와에게 내려진 저주는 그런 성향을 어떻게 묘사하는가? 그런 성향은 결혼 생활에 어떤 갈등을 불러 일으키는가? 남자에게는 결혼 생활 외에 다른 것에 관심을 더 많이 기울이는 성향이 있다는 말이 옳은가? 그런 성향은 어떤 문제를 일으키는가?

3. 하나님은 죄 없는 동물의 가죽으로 아담과 하와의 몸을 가려 주셨다. 이는 속죄의 희생과 의의 전가를 상징한다. 그런 복음의 약속이 우리의 결혼 관계를 구원으로 이끄는 출발점이 되는 이유는 무엇인가?

4. 바울이 골로새서 3장 12,13절에서 제시한 '은혜의 수단'이란 무엇인가? 그런 수단을 사용하면 아내에 대한 태도가 어떻게 달라지고, 또 아내를 얼마나 더 사랑할 수 있으리라 생각하는가?

Chapter 8

결혼과 남자로서의 소명

    구원의 가장 중요한 원리 중 하나는 구속을 통해 타락이 극복되었다는 것이다. 성경은 인간의 역사를 창조와 타락과 구속의 관점에서 묘사한다. 구원의 목적은 하나님께서 세상을 창조하신 본래의 목적을 이루어 그분이 의도하신 결말로 이끄는 것이다.

  구속을 통해 타락이 극복되었다는 것은 우리에게는 그야말로 기쁜 소식이 아닐 수 없다. 왜냐하면 하나님께서 우리의 가장 큰 문제에 대한 해결책을 제공하신 것이기 때문이다. 예를 들어, 죄로 인해 주어진 가장 큰 저주는 죽음이다. 그런데 그리스도의 부활을 믿는 기독교인은 마지막 날에 우리의 부활을 통해 죽음이 정복될 것을 확신한다. 또한 그리스도께서는 용서를 베풀어 죄의 책임을 면할 수 있게 해 주시고, 성령의 은혜를 베풀어 죄의 유혹을 물리칠 수 있게 도와주신다. 그리스도께서는 이런 식으로 삶의 모든 영역에서 승리를 거두도록 인도하신다. 기독교인의 구원은 참으로 놀랍기 그지없다. 선하신 하나님은 우리가 받아야 할 징벌을 거두시는 데 그치지 않고, 본래 의도한 모든 복을 회복하여 자신의 사랑을 깨닫고 자신의 형상을 영광스럽게 드러내도록 이끄신다.

지금까지 살펴본 대로, 이 위대한 구원은 결혼에도 똑같이 영향을 미친다. 우리는 6장에서는 결혼에 관한 하나님의 놀라운 계획을, 7장에서는 죄가 결혼에 미친 영향을 각각 살펴보았다. 우리는 에덴동산의 영광을 되찾을 수 있을까? 물론이다. 그것이 하나님의 뜻이다. 따라서 우리는 하나님께서 그 일을 반드시 이루실 것이라고 확신할 수 있다. 하나님의 구원 계획은 우리를 이 타락한 세상에서 건져 내 우리를 위해 예비하신 영원하고도 무한한 영광을 향해 나아가게 만든다. 따라서 신자는 현실 속에서 온갖 죄의 문제에 시달리면서도 하나님의 구원을 확신할 수 있다. 이런 확신과 현실이 한데 뒤섞여 나타나는 가장 대표적인 경우를 꼽는다면, 아마도 기독교인의 결혼 관계일 것이다.

우리는 창세기 2장 15절을 살펴보면서 남자의 두 가지 소명이 무엇인지를 알게 되었다. "여호와 하나님이 그 사람을 이끌어 에덴동산에 두어 그것을 경작하며 지키게 하시고"라는 말씀은 하나님께서 남자를 동산에 두신 본래의 목적을 분명히 밝힌다. 그런데 이런 소명이 죄로 인해 훼손되고 말았다. 그래서 하나님은 그리스도 안에서 이루신 구원 사역을 통해 그 고귀한 소명을 회복하고, 그것을 이룰 수 있는 능력을 허락하신다. 2장에서 배운 내용을 생각해 보면, '경작하다'라는 말은 남성성을 기르라는 소명과 연결된다. 다시 말해, 이 소명은 사람과 사물이 튼튼하게 성장하는 것을 의미한다. 아울러 '지키다'라는 말은 보호자와 관리자가 되어 우리에게 맡겨진 사람들을 안전하게 지키는 것을 의미한다. 남자는 일하고 지키라는 소명을 충실히 이행해야 한다. 다시 말해, 튼튼히 서게 만들고 안전하게 지킴으로써 주어진 소명을 이루어야 한다.

결혼에 관하여 신약성경은 일하고 지키는 것이 기독교인 남편에게 주어진 하나님의 소명이라는 사실을 분명히 가르친다. 이번 장에서는 에베소서 5장 22-33절과 베드로전서 3장 7절 말씀을 중심으로 아내에 대한 남편의 의무를 살펴보고, 일하고 지키는 남자의 소명에 비추어 이 두 말씀의 의미를 구체적으로 밝혀 보고자 한다.

남자의 머리 됨과 여자의 복종

바울은 기독교인의 행위를 폭넓게 논하면서 결혼에 관해 가르친다. 바울이 신자들에게 제시한 가장 기본적인 원리는 "너희는 하나님을 본받는 자가 되라"(엡 5:1 참고)라는 것이다. 자녀들이 부모가 하는 것을 보고 배우는 것처럼, 우리는 하나님의 자녀이기 때문에 마땅히 그분을 본받아야 한다. 바울은 도덕적인 순결함(엡 5:3-20 참고)과 서로 평화롭게 복종하는 것(엡 5:21-6:9 참고)을 가르치면서 이 주제를 심도 있게 다룬다. 특히 바울은 복종의 문제를 여러 가지 상황에 적용한다.

아내는 남편에게 복종해야 하고(엡 5:22-33 참고), 자녀는 부모에게 복종해야 하며(엡 6:1-4 참고), 종은 주인에게 복종해야 한다(엡 6:5-9 참고). 물론 바울은 아내나 자녀나 종에게 무조건 복종하라고 하지 않는다. 바울은 이 세 가지 복종을 예로 들어 하나님께서 정하신 권위에 평화롭게 복종하는 것이 기독교인의 소명이라는 것을 깨우쳐 주려고 하였다. 동시에 바울은 권위를 지닌 사람들에게 주어진 힘을 사용하여 다른 사람들을 보호하고 굳세게 하라고 권고한다.

바울은 아내에 대한 남편의 의무를 설명하면서 하나님께서 남자에게 가정을 이끄는 권위를 부여하셨다는 전제에서 출발한다. 그는 아내들에게 그리스도를 공경하듯이 남편에게 복종하라고 당부한다.

"이는 남편이 아내의 머리 됨이 그리스도께서 교회의 머리 됨과 같음이니 그가 바로 몸의 구주시니라"(엡 5:23).

바울은 아내에게 간단히 권고한 뒤에 남편의 의무에 대해 자세히 가르친다.

"남편들아, 아내 사랑하기를 그리스도께서 교회를 사랑하시고 그 교회를 위하여 자신을 주심같이 하라. 이는 곧 물로 씻어 말씀으로 깨끗하게 하사 거룩하게 하시고 자기 앞에 영광스러운 교회로 세우사 티나 주름 잡힌 것이나 이런 것들이 없이 거룩하고 흠이 없게 하려 하심이라. 이와 같이 남편들도 자기 아내 사랑하기를 자기 자신과 같이 할지니 자기 아내를 사랑하는 자는 자기를 사랑하는 것이라. 누구든지 언제나 자기 육체를 미워하지 않고 오직 양육하여 보호하기를 그리스도께서 교회에게 함과 같이 하나니 우리는 그 몸의 지체임이라"(엡 5:25-30).

이처럼 성경은 아내에게 남편에게 복종하라고 명령한다. 남자들은 남편을 공경하지 않고 지배하려고 하는 아내의 잘못된 성향을 바로잡기 위해 이런 명령이 주어졌다고 착각하고는 마치 아내를 봐주는 듯한 태도를 취하기 쉽다. 그러나 위의 말씀에서 알 수 있듯이, 남자에게는 그보다 훨씬 더 강한 명령이 주어졌다. 주님은 남편에게 아내를 진정으로 사랑하라고 명령하신다.

하나님께서 하와를 창조해 아담의 팔에 안겨 주셨을 때, 그는 기뻐서 소리쳤다. 그러나 그때 이후 상황이 크게 달라졌다. 남자도 죄를 지어 타락했기 때문에, 그리스도의 구원 사역이 없이는 하나님께서 주신 가장 큰 선물을 소홀히 대할 수밖에 없는 형편이 되고 말았다.

"남편들아 아내를 사랑하라"라는 바울의 말은 결혼한 남성들 대부분이 부끄럽게 생각해야 할 문제를 다루고 있다. 물론 바울은 남자들을 비난하기 위해 이렇게 말한 것이 아니다. 그는 그들에게 기독교인의 소명을 일깨워 주고자 했다. 바울은 "좋습니다. 그렇다면 어떻게 하는 것이 아내를 사랑하는 것입니까?"라고 묻는 남자들에게 다음과 같이 대답한다.

남편이 아내를 사랑하는 첫 번째 방법은, 결혼 생활과 가정을 잘 이끄는 것이다. 하나님은 남자에게 가장의 권한을 주셨다. 하나님은 아내가 남편을 이끌도록 정하시지 않았다(고전 11:3 참고). 앞 장에서 살펴본 대로, 여자는 하나님의 저주를 받았기 때문에 스스로 주도권을 잡으려고 시도하거나 권위를 행사하려고 할 때마다 실망과 좌절에 부딪칠 수밖에 없다. 더욱이 남자와 여자에게 내려진 하나님의 저주는 우리가 시도하는 모든 것을 더욱 어렵게 만드는 결과를 낳았다. 여자는 하나님의 저주로 인해 남편을 소유하고 지배하려는 성향을 지니게 되었다. 그러나 만일 남편이 가정을 소홀히 하는 바람에 아내가 어쩔 수 없이 가정을 이끌어야 하는 상황이 벌어진다면, 아마도 아내들은 대부분 "내가 원하는 것이 이런 것이었는가?" 하고 매우 불안해할 것이 틀림없다. 이는 아담과 하와의 타락과 그 후에 주어진 하나님의 저주로 인해 빚어진, 참으로 불행한 모순이 아닐 수 없다.

물론 남자에게 가장의 권한이 주어졌다고 해서 남편이 무엇이든 자기 뜻대로 할 수 있고 결정할 수 있다고 착각해서는 안 된다. 결혼 생활과 가정의 문제를 결정하고 계획할 때마다 남편은 항상 아내의 의견을 묻고, 의논해야 한다. 아내의 의견은 매우 중요하다. 경건한 부부는 손발이 척척 맞는다. 다만 가정의 모든 문제를 주관하고 관리하고 감독하는 권한이 남편에게 있을 뿐이다. 특히 가족들에게 경건한 삶을 위한 원리와 행동을 가르칠 때는 더욱 그렇다. 기독교인 아내는 남편을 존중해야 하고, 가정에서 그리스도의 종으로 일하는 남편이 그분의 뜻을 잘 이룰 수 있도록 도와야 한다. 부부 사이에서 지도력을 발휘하고 싶은 남편은 아내의 역할을 존중하고 독려해야 한다. 이것이 아내를 사랑하는 첫걸음이다.

일하라 – 아내를 양육하라

아내에 대한 남편의 소명을 하나님께서 남자에게 요구하신 본래의 소명, 곧 일하고 지키라는 명령에 비추어 살펴보자. 바울은 결혼에 관해 가르치면서 남편의 사역을 교회를 위한 그리스도의 사역과 비교한다. 아내가 남편에게 복종해야 하는 이유는, 남편이 결혼 관계 안에서 비록 제한적이기는 하지만 그리스도와 같은 역할을 하기 때문이다. 그리스도께서 자기 백성을 굳게 세우신 것처럼, 기독교인 남편은 아내를 굳게 세우고 독려한다. 이것은 남편이 해야 할 일 중 하나이다. 남편의 소명은 아내를 사랑하고 잘 보살피는 것이다.

우리는 '물로 씻어 말씀으로 깨끗하게 하는'(엡 5:26 참고) 사역, 곧 교회를 성결하게 하시는 그리스도의 사역을 언급한 바울의 말에서 이런 남자의 소명을 확실하게 엿볼 수 있다. 깨끗하게 하는 것은 '거룩하게 하는 것'을 의미한다. 바울은 그리스도께서 교회를 "티나 주름 잡힌 것이나 이런 것들이 없이 거룩하고 흠이 없게 하려"(엡 5:27) 하신다고 말한다. 이 말씀은 남편이 아내를 위해 가장 먼저 관심을 기울여야 할 것도 아내의 영적 행복이라는 사실을 일깨워 준다. 남편은 아내와 주님의 관계를 더욱 굳건하게 하고, 아내의 믿음을 더욱 강하고 능력 있게 만들기 위해 힘써야 한다. 물론 바울은 "기독교인 아내는 이렇게 행동해야 마땅하다"라는 식으로 아내를 윽박지르라고 말하지 않는다. 남편은 기독교인 아내를 하나님 앞에서 거룩한 존재로 받아들이고, 베드로의 말처럼 아내를 '생명의 은혜를 함께 이어받을 자'(벧전 3:7)로 대우해야 한다.

간단히 말해, 남편의 소명은 하나님의 말씀으로 아내를 독려해 그리스도를 믿는 믿음과 소망을 더욱 굳게 세우는 것이다. 바울은 예수님이 교회를 "물로 씻어 말씀으로 깨끗하게"(엡 5:26) 하셨다고 말한다. 예수님의 속죄의 피가 우리의 죄를 씻었기 때문에 성경의 이런 표현이 다소 혼란스럽게 느껴질지도 모른다. 그러나 바울의 말은 복음 전파를 통해 사람들이 그분을 믿는 믿음으로 죄의 더러움을 씻고 용서를 받았다는 뜻이다. 기독교인 남편은 성경에 기록된 복음의 약속을 통해 아내를 더욱 격려하고 굳세게 하는 사역을 감당해야 한다.

결혼에 관한 바울의 가르침은 베드로의 가르침을 통해 보완된다. 베드로의 가르침은 훨씬 더 분명하고 직설적이다. 베드로는 아내들에게 남편에게 순종하라고 가르치고 나서 남편들에게 이렇게 말한다.

"남편들아 이와 같이 지식을 따라 너희 아내와 동거하고, 그를 더 연약한 그릇이요 또 생명의 은혜를 함께 이어받을 자로 알아 귀히 여기라. 이는 너희 기도가 막히지 아니하게 하려 함이라"(벧전 3:7).

바울은 남편이 아내를 위해 말씀 사역을 감당해야 한다고 가르쳤다. 그리고 베드로는 바울의 가르침을 듣고서 남편들이 마땅히 고민해야 할 질문, 곧 "아내에게 어떻게 말해야 할까? 어떤 성경 말씀으로 아내를 격려해야 할까?"라는 질문에 대답한다. 그 대답을 세 가지로 생각할 수 있다. 첫째, 아내와 친밀하게 지내라. 둘째, 아내에게 관심을 기울이고, 그녀의 마음을 잘 이해하라. 셋째, 말로만 아내를 소중히 여긴다고 하지 말고, 직접 행동으로 옮기라. 남편에게 주어진 이 명령들이 무슨 의미인지를 살펴보자.[1]

더불어 살아가라

베드로는 "남편들아, 아내와 동거하라"라고 말한다. 아마도 남자들은 대부분 "이것은 나와는 상관없는 명령이다. 나는 이미 아내와 한집에서 살고 있다"라고 말할 것이다. 그러나 이 말은 그런 의미가 아니다. 남편은 아내와 더불어 살아야 한다. '동거하다'로 번역된 헬라어는 '친밀하게 교제하다(commune)'라는 의미를 지니고 있다. 여기에서 '공동체(community)'라는 명사가 유래했다. 지금 베드로는 남편들이 아내와 하나가 되어 서로를 공유하는 삶을 살아야 한다고 말하는 것이다.

남편은 아내가 관심을 기울이는 것에 관심을 기울여야 한다(이는 아내도 마찬가지이다). 부부는 함께 시간을 보내고, 삶의 흐름을 공유해야 한다. 남편과 아내가 함께 잠자리에 들고 함께 일어나는 것은 매우 중요하다. 부부가 저녁에 잠자리에 들기 전에 대화하며 함께 기도하고, 다음 날 아침에도 격려의 말과 기도로 함께 하루를 시작하는 것은 참으로 중요하다. 베드로는 아내와 친밀하게 교제하는 남편이 아내를 위한

---

1) 이번 장은 기독교인 남편과 기독교인 아내를 전제로 한다. 성경은 원칙적으로 불신자와 결혼하는 것을 금지한다(고전 7:39 참고). 그러나 불신자들끼리 결혼한 뒤, 남편은 회심하고 아내는 회심하지 않는 경우가 얼마든지 있을 수 있다. 이번 장에서 다루는 성경의 가르침은 불신자 아내를 둔 남편에게도 귀중한 지침이 될 것이다.

말씀 사역에 더욱 충실할 수 있다는 것을 보여 준다.

관심을 기울이라

베드로는 이 점을 좀 더 구체적으로 설명하면서 "지식을 따라 동거하라"라고 말한다. 원본 성경의 의미를 충분히 살피자면, 이는 '남편이 이해해야 한다'거나 NIV 역처럼 '배려하며 살라'는 의미와는 다소 거리가 멀다. 베드로는 남편들에게 '변기 뚜껑'을 내려놓는 것을 잊지 말라고 말하지 않는다(물론 그런 배려는 필요하다). 헬라어 본문은 남편들이 '지식을 따라' 아내와 함께 살아야 한다고 가르친다. 다시 말해, 남편은 아내에게 어떤 일이 일어나고 있는지를 알아야 한다.

아내를 위한 사역에 좀 더 충실하고자 하는 남편들에게 한 가지 질문을 던지고 싶다. 내가 잠시 걸음을 멈춰 세우고, "오늘 아내의 일정이 어떻게 되는지 알고 있나요? 아내가 곰곰이 생각하면서 마음 쓰고 있는 중요한 문제, 아내를 두렵게 하거나 실망스럽게 하거나 걱정스럽게 만드는 문제를 알고 있나요?"라고 묻는다면, 당신은 뭐라고 대답하겠는가? 베드로는 지금 이런 것을 염두에 두고 있다.

대부분의 남편들은 아내의 마음을 무겁게 만드는 문제는 고사하고, 아내의 일정조차도 알지 못한다. 아내가 고민하는 문제나 일정을 알 수 있는 가장 좋은 방법 가운데 하나는 직접 물어보는 것이다. "여보, 오늘 당신에게 도움이 되고 싶은데, 혹시 걱정스러운 문제는 없어요?"라고 물으라. 앞에서 말한 대로, 아내와 친밀하게 지내 왔다면, 아마 그렇게 물을 필요조차도 없을 것이다. 그러나 아내를 잘 이해하지 못하고 있다면 확실하게 물어보는 것이 좋다. 아내를 하나님의 말씀과 기도로 섬기려면 반드시 아내의 마음과 생각을 이해해야 한다.

귀하게 여기라

베드로는 남편들에게 "아내를 귀히 여기라"라고 말한다. 이것은 단지 아내 앞에서 점잖게 예의를 지키라는 말이 아니다(물론 그것도 매우 바람직한 태도이다). "귀히 여기라"라는 말을 "소중히 여기라"라는 뜻으로 이해하는 것이 더 낫다(여기에 사용된 헬라어 '티메[time]'는 시장에서 파는 물건에 높은 가격을 매긴다는 의미이다). 남편은 자신이 아내를 귀하고 보배롭게 여기고 있다는 것을 증명해야 한다. 꽃이나 보석을 선물하는 것이 아내를 귀하게 여기는 마음을 가장 잘 표현하는 방법일까? 내 경험에 비춰 보면, 그런 방법은 비교적 손쉬운 방법에 속한다. 그보다 더 좋은 방법을 베드로의 처음 두 가지 명령(시간과 관심을 쏟는 것)에서 찾을 수 있다. 아내에게 "어느 때 내가 당신을 귀하게 여긴다고 느낍니까?"라고 묻고, 아내의 대답에 진지하게 귀를 기울이라.

보살피고 소중히 여기라

베드로와 바울의 조언을 종합하면, 남편은 아내를 보살필 때 단지 아내의 기분을 좋게 만드는 데 그치지 말고 그 이상의 노력을 기울여야 한다. 남편은 아내의 삶에 깊이 관여해야 한다. 남편은 아내에게 관심을 기울이고, 자신의 삶을 아내와 공유해야 한다. 아내에 관해 많은 것을 알고 서로 친밀한 관계를 유지할 때, 하나님의 말씀으로 아내의 마음에 있는 걱정과 두려움과 의심을 극복하도록 도와 아내의 믿음과 그리스도 안에서의 정체성이 더욱 확고해지게 만들 수 있다.

바울은 그리스도가 교회를 말씀으로 씻어 거룩하게 하셨다고 말한다.

"이와 같이 남편들도 자기 아내 사랑하기를 자기 자신과 같이 할지니 자기 아내를 사랑하는 자는 자기를 사랑하는 것이라"(엡 5:28).

이 말은 남편이 아내와 친밀하게 지내면서 아내를 자기 몸처럼 잘 알아야 한다는 베드로의 가르침과 같은 의미이다. 바울은 남편과 아내가 결혼을 통해 한 몸이 된 것을 구체적으로 설명하면서 이렇게 말한다.

"누구든지 언제나 자기 육체를 미워하지 않고 오직 양육하여 보호하기를 그리스도께서 교회에게 함과 같이 하나니"(엡 5:29).

보살피는 것과 소중히 여기는 것이 결합되어야 한다. 아내를 소중히 여겨야만 그 마음에 가까이 다가갈 수 있고, 또 하나님의 말씀으로 아내를 충실히 돌볼 수 있다. 자녀를 기르는 일 때문에 아내가 몸과 마음이 지쳐 있을 때는 "너희 염려를 다 주께 맡기라. 이는 그가 너희를 돌보심이라"(벧전 5:7)라는 말씀으로 아내를 위로할 수 있다. 또 아내가 사랑받지 못한다고 느끼거나 우울해할 때는 "너의 하나님 여호와가 너의 가운데에 계시니 그는 구원을 베푸실 전능자이시라. 그가 너로 말미암아 기쁨을 이기지 못하시며 너를 잠잠히 사랑하시며 너로 말미암아 즐거이 부르며 기뻐하시리라"(습 3:17)라는 말씀의 향유를 발라 상처난 마음을 달래 줄 수 있다. 아내가 상실감에 빠져 있을 때는 "여호와는 마음이 상한 자를 가까이하시고 충심으로 통회하는 자를 구원하시는도다"(시 34:18)라는 말씀으로 하나님께 속마음을 다 털어놓으라고 격려할 수 있다.

간단히 말해, 아내가 성경 말씀을 머리로만 받아들이게 하지 말고, 아내가 하나님의 말씀을 통해 주님의 진리와 은혜 안에서 용기와 위로를 찾을 수 있도록 아내를 염려하는 자상한 마음으로 격려하고, 굳세게 하고, 권고해야 한다.

그런데 많은 남편들은 "그런 식으로 아내의 필요를 채워 줄 만큼 성경을 충분히 알지 못합니다"라고 말할 것이다. 그러나 하나님은 우리가 믿음의 사람이요 성경을 잘 아는 남편이 되기를 원하신다. 아내에게는 남편의 말씀 사역이 필요하다. 우리는 이 점을 의식하고, 사랑으로 아내의 필요를 채워 줄 줄 아는 남편이 되어야 한다.

우리의 결혼 관계 안에서 하나님께서 본래 계획하신 사랑과 화합이 회복되려면, 아내가 주님 안에서 남편에게 복종하는 것만으로는 부족하다. 가장 크고 우선적인 책임은 남편에게 있다. 아내와 친밀하게 지내고, 아내를 소중히 여겨 그 마음을 잘 헤아리고, 아내를 깊이 이해해 성경에 근거한 권고와 격려로 아내를 굳게 세우고, 말씀으로 양육해야 한다. 이것이 남편들에게 주어진 베드로와 바울의 가르침 중에서 '일'에 해당하는 부분이다.

지키라 – 아내를 위해 희생하라

말씀으로 아내를 보살피는 남편의 사역 외에 아내를 안전하게 지키고 보호하는 사역이 필요하다. '지키는' 사역은 남편이 아내를 잘 보호하는 것을 의미한다. 바울은 남편의 희생적인 사랑을 십자가를 짊어지신 예수 그리스도의 사랑에 빗대어 확실하게 설명한다.

"남편들아 아내 사랑하기를 그리스도께서 교회를 사랑하시고 그 교회를 위하여 자신을 주심같이 하라"(엡 5:25).

앞서 말한 대로, 그리스도의 십자가 희생은 '지키는 사역(하나님의 복을 안전하게 지키고, 죄와 죽음이라는 원수를 정복하는 사역)'을 궁극적으로 드러낸다.

남편으로부터 안전하게 하라

바울은 남편이 아내의 행복을 위해 자기를 희생해야 한다고 말했다. 여기에는 아내의 신체적 안전이 포함된다. 그런데 아내를 가장 위협하는 것은 바로 남편의 죄이다. 일전에 한 친구가 이 진리를 깨닫고 이렇게 말한 적이 있다. "전에는 다른 남자가 집에 들어와 아내를 해치려고 하면, 그와 단호히 맞서 싸울 것이라고 다짐했었네. 그러나 날마다 내 집에 들어와 아내를 해치려는 남자가 바로 나 자신이라는 것을 알게 되었네. 나의 분노와 거친 말과 불평과 무관심이 아내를 해칠 수 있다는 것을 깨달았지. 아내를 보호하기 위해 내가 죽여야 할 사람이 바로 죄인인 나 자신이라는 것을 알게 되었다네."

이 말은 한 치도 틀리지 않은 사실이다.

베드로는 "더 연약한 그릇으로 알아 귀히 여기라"라고 하여 아내의 마음을 보호해야 한다고 말한다(벧전 3:7 참고). 앞서 말한 대로, '귀히 여긴다'는 것은 아내를 소중히 여긴다는 의미이다. 아내를 소중히 여기는 남편은 아내를 양육할 뿐만 아니라 보호한다. 그런 남편은 아내에게 거친 말을 퍼붓거나 조롱하거나 비웃지 않는다. 왜냐하면 그런 말이 아내의 연약한 마음을 칼날처럼 찌르기 때문이다.

권위를 지닌 남편답게 행동하라

베드로는 남편이 아내에 대해 궁극적인 권위를 행사하는 사람도 아니고, 아내를 보호해 줄 유일한 사람도 아니라는 사실을 일깨워 준다. 기독교인 아내는 하나님의 귀한 딸이다. 그래서 베드로는 남편들에게 이렇게 권고한다.

"남편들아……그를 더 연약한 그릇이요 또 생명의 은혜를 함께 이어받을 자로 알아 귀히 여기라. 이는 너희 기도가 막히지 아니하게 하려 함이라"(벧전 3:7).

많은 남자들이 "하나님께서 원하시는 대로 아내를 사랑하지 않는 것이 하나님과 저와의 관계에 부정적인 영향을 미칩니까?"라고 묻는다. 물론이다. 이 말씀이 그 점을 너무나도 명백하게 보여 준다. 그렇지 않은가? 하나님은 '남자가 언약을 통해 여자의 머리가 되었지만, 또한 거기에는 책임이 따른다'고 말씀하신다. 그분은 "나와의 관계가 너와 아내의 관계에 영향을 받지 않으리라고 생각하지 말라. 아내는 결혼을 통해 내가 너에게 허락한 나의 딸이다. 네가 아내에 대한 언약의 책임을 무시한다면, 너는 내가 너에게 약속한 언약의 책임을 내 앞에서 주장할 수 없다"라고 말씀하신다. 물론 아내를 사랑하는 남편은 구원받고, 아내를 무시하는 남편은 하나님께 버림받는다는 말은 결코 아니다. 그러나 남편의 영적 행복과 하나님과의 관계는 아내를 돌보고 보호하는 언약의 책임을 얼마나 잘 이행하느냐에 달려 있다. 왜냐하면 아내는 하늘에 계신 아버지의 귀한 딸이기 때문이다.

하나님은 우리에게 결혼이라는 동산을 허락하시고, 그곳을 '경작하고 지키는 사명'을 주셨다. 하나님은 우리에게 관대하시며, 은혜와 긍휼을 풍성히 베풀어 주신다. 그러나 하나님은 아내에 대한 사역의 책임을 완수하라고 요구하신다.

그리스도와 같은 구원자

자기 아내를 사랑으로 돌보고 보호하는 남편의 본보기를 성경에서 찾는다면, 룻을 보살폈던 보아스를 꼽을 수 있다. 보아스는 룻과 결혼하기 전부터 그런 사랑을 베풀었다. 룻은 이스라엘 백성이 증오했던 모압 족속일 뿐 아니라 보호해 줄 남편조차 없는 과부로서 그 처지가 매우 불안한 상태였다. 룻은 남편의 죽음으로 모든 것을 잃은 유대인 시어머니 나오미와 함께 베들레헴으로 돌아왔다. 룻은 목숨을 연명하기 위해 가난한 이스라엘 여자들과 함께 들판에 나가 추수하고 남은 곡식을 주웠다. 그런 그녀가 보아스의 밭에 이르렀을 때, 그는 그녀에게 이렇게 말했다.

"내 딸아 들으라. 이삭을 주우러 다른 밭으로 가지 말며 여기서 떠나지 말고 나의 소녀들과 함께 있으라. 그들이 베는 밭을 보고 그들을 따르라. 내가 그 소년들에게 명령하여 너를 건드리지 말라 하였느니라. 목이 마르거든 그릇에 가서 소년들이 길어 온 것을 마실지니라"(룻 2:8,9).

룻을 본 보아스는 경건한 남편이 기독교인 아내에게 하듯이 그녀를 대했다. 그는 그녀를 돌보고 보호했다. 룻이 그런 대접에 놀라자 보아스는 이렇게 말했다.

"네 남편이 죽은 후로 네가 시어머니에게 행한 모든 것과 네 부모와 고국을 떠나 전에 알지 못하던 백성에게로 온 일이 내게 분명히 알려졌느니라. 여호와께서 네가 행한 일에 보답하시기를 원하며 이스라엘의 하나님 여호와께서 그의 날개 아래에 보호를 받으러 온 네게 온전한 상 주시기를 원하노라"(룻 2:11,12).

참으로 여자의 마음을 따뜻하게 감싸는 말이 아닐 수 없다. 아내를 굳게 세우고 싶은 남편들이 꼭 본받아야 할 말이다. 보아스는 룻의 여성스러운 태도만이 아니라 그녀의 마음속의 믿음과 선한 성품을 의식했다. 그래서 보아스는 그녀에게 추수한 음식을 나누어 먹자고 청하고, 일꾼들에게 곡식을 다발에서 조금씩 뽑아 버려서 룻이 줍도록 배려했다(룻 2:14-16 참고). 이런 보아스의 극진한 보살핌과 보호를 받은 룻은 그에게 마음을 열었다. 이것은 너무나 당연한 일이었다. 남편은 그런 식으로 아내를 사랑해야 한다. 아내가 남편의 사랑을 느끼게 된다면, 아내는 자연스레 남편을 사랑으로 대할 것이다.

룻의 시어머니인 나오미는 추수를 마치고 음식을 먹고 마시는 자리에서 그녀에게 어떻게 해야 할지를 일러 주었다(룻 3:3,4 참고). 보아스가 음식을 먹고 마신 뒤에 곡식 단 더미의 끝에 누워 잠을 청하자, 룻은 가만히 가서 그의 발치 이불을 들고 거기 누웠다(룻 3:7 참고). 밤중에 깜짝 놀라 일어난 보아스는 자기 발치에 여인이 누워 있는 것을 발견했다(룻 3:8 참고). 그는 "네가 누구냐"(룻 3:9)라고 물었다. 그러자 룻은 "나는 당신의 여종 룻이오니 당신의 옷자락을 펴 당신의 여종을 덮으소서. 이는 당신이 기업을 무를 자가 됨이니이다"(룻 3:9)라고 대답했다. 이 말을 성적인 의미로 이해해서는 안 된다. 이것은 경건한 여인이 마음을 열어 순수한 사랑을 고백하는 말이다. 룻은 보아스의 권위에 복종했고, 그에게 사랑을 주었다. "당신의 옷자락을 펴 당신의 여종을 덮으소서"라는 룻의 말은 남자의 보호와 보살핌을 바라는 여자의 마음을 아름답게 표현한다. 룻은 "당신이 기업을 무를 자가 됨이니이다"라고 말함으로써 보아스의 마음을 사로잡았다.

룻이 보아스에게 "당신은 나에게 그리스도와 같은 사람입니다"라고 말했다고 이해해도 괜찮다. 이 말에는 "당신은 그리스도입니다"가 아니라 "당신은 그리스도와 같은 사람입니다"라는 의미가 담겨 있다. 이는 아내와 남편의 관계를 정확히 묘사한다. 바울은 에베소서 5장 23절에서 "이는 남편이 아내의 머리 됨이 그리스도께서 교회의 머리 됨과 같음이니 그가 바로 몸의 구주시니라"라고 말한다. 아내는 남편을 자기를 살리기 위해(자기를 안전하게 지키고 그의 사랑의 보살핌 아래 풍성한 은혜를 누리도록 하기 위해) 자신을 희생한 남자로 대해야 한다.

아내는 경건한 남편이 '일하고 지켜야 할' 동산이다. 남편의 가장 큰 기쁨은 아내의 영적 아름다움이 날로 더하는 것이다.

가정의 복

다음 장에서는 남자가 아버지로서 행해야 할 사역에 대해 살펴보려고 한다. 그전에 그리스도와 같은 남편과 경건한 아버지가 서로 상승작용을 일으킨다는 점을 잠시 언급하겠다.

부모가 경건하고 은혜로운 결혼 생활을 영위하는 것보다 자녀의 삶에 더 강력하게 영향을 미치는 것은 없다. 자녀들이 아버지를 존중하는 어머니와 어머니를 잘 돌보고 보호하는 아버지 아래서 성장하는 것은 참으로 크나큰 복이 아닐 수 없다. 그것만이 아니다. 우리가 말씀에 그렇게 복종하면, 가족들이 하나님의 온갖 복을 누리게 될 것이 분명하다.

보아스와 룻도 결혼한 뒤에 그런 복을 누렸다. 룻기는 그들의 계보를 간단히 요약하는 것으로 끝을 맺는다. 그들의 아들은 오벳, 즉 "다윗의 아버지인 이새의 아버지"(룻 4:17)이다. 보아스와 룻의 자손 가운데 하나님의 백성을 다스리는 왕이 태어났고, 그들의 계보를 통해 마침내 하나님의 아들이 세상에 오셨다.

하나님의 대리자가 되어 경건한 사랑과 진리의 말씀으로 아내를 이끌고 보호하는 남편은 자녀가 있든 없든 후세에 놀라운 영적 유산을 남길 수 있다. 보아스와 룻의 관계는 밭에서부터 시작되었다. 그는 룻을 눈여겨보았다가 경건하면서도 남자다운 사랑을 베풀었다. 남편들이 하나님 앞에 나아가 가정에서 아내를 사랑하고 그리스도의 구원의 은혜를 전할 수 있게 해 달라고 기도한다면, 각 가정에서 그런 복이 이루어지기 시작할 것이다. 물론 우리가 예수님을 대신할 수는 없다. 절대 그럴 수는 없다. 그러나 아내들이 우리에게서 그리스도의 사랑과 같은 사랑을 경험한다면, 룻이 보아스에게 말한 대로 "당신의 옷자락을 펴 당신의 여종을 덮으소서. 이는 당신이 기업을 무를 자가 됨이니이다"(룻 3:9)라고 말할 것이 틀림없다.

묵상과 나눔을 위한 질문

1. 남자가 결혼 관계와 가정을 이끄는 것은 왜 중요한가? 남자가 결혼 관계를 이끌지 않는다면, 아내에게는 어떤 일이 일어날까? 또 남자가 가정을 이끌지 않는다면, 자신에게는 무슨 일이 일어날까?

2. 남편의 격려가 아내에게 왜 중요한가? 남편의 관심과 보살핌이 그토록 중요한 이유는 여자의 어떤 특성 때문인가? 남편이 어떻게 행동해야 아내가 소중히 여김을 받는다고 느끼게 될까? 당신이 남편으로서 종종 그렇게 하지 못하는 이유는 무엇인가?

3. 아내를 불안하게 만드는 남편의 죄는 무엇인가? 아내를 위해 극복해야 할 죄가 있다면 무엇인가?

4. 룻은 보아스에게 "당신이 기업을 무를 자가 됨이니이다"(룻 3:9)라고 말했다. 이 말이 모든 기독교인 남편에게 적절한 이유는 무엇인가? 가정과 결혼 관계를 이끄는 가장으로서 그리스도를 가장 잘 대변할 수 있는 방법은 무엇인가?

Chapter 9

아버지로서의 소명 1
자녀를 제자화하라(일)

기독교인 아버지들은 종종 이렇게 탄식한다. "목사님, 도대체 어떻게 이런 일이 일어났는지 모르겠습니다. 제 아들은 늘 교회에 다녔습니다. 우리는 주일학교와 성경학교에 아들을 데려갔고, 기독교 학교에서 교육을 받게 했습니다. 또 아들의 친구들이 좋은 가정에서 자란 아이인지 아닌지에 늘 관심을 기울였고, 어렸을 때는 적절히 체벌하기도 했습니다. 그렇게 노력했으니 이런 일이 일어나지 않으리라고 생각했습니다."

이것은 마약에 중독되거나 원하지 않는 임신을 하거나 믿음을 저버린 자녀를 둔 아버지들의 하소연이다. 아버지들은 자녀들에게 기독교적인 환경을 조성해 주기만 하면 그들을 경건하게 키울 수 있으리라고 믿는다. 그들은 학교, 교회, 읽는 책, 친구들, 텔레비전 시청, 컴퓨터 사용만 통제하면, 그것으로 기독교인으로서 충실히 양육했다고 생각하는 경향이 있다. 그러나 그것은 잘못된 생각이다. 그런 생각은 심각한 문제를 초래하기 쉽다.

아버지와 남자의 소명

이 책은 창세기 2장 15절의 명령에 남자의 다양한 역할이 집약되어 있다는 것을 전제로 한다(지금쯤이면 이 점이 분명해졌을 것이라고 생각한다). 하나님은 아담을 에덴동산에 두어 그곳을 '경작하며 지키게' 하셨다. 아담과 우리의 소명에 차이가 있다면, 세부적인 방법상의 차이뿐이다.

지금까지 이런 전제를 뒷받침하는 교리적 기초를 놓고, 아내를 굳게 세우고 안전하게 지켜야 할 남편의 의무를 중심으로 이 주제를 다루었다. 그렇다면 이것을 남자가 아버지로서 행해야 할 소명에도 똑같이 적용할 수 있을까? 물론 적용할 수 있다. 사실 성경은 아버지가 짊어져야 할 두 가지 책임이 양육(일)과 보호(지키는 것)라고 가르친다. 남자에게는 자녀의 마음을 그리스도를 향한 헌신과 복음이 싹틀 수 있는 비옥한 토양으로 경작해야 할 책임이 있다. 또한 남자는 어린 자녀의 마음을 그리스도께로 이끌기 위해 노력한 모든 것이 수포로 돌아가지 않도록, 세상과 자녀들의 마음에 있는 죄의 영향으로부터 자녀들을 보호해야 할 의무를 진다.

물론 기독교인 부모가 자녀를 위해 견실하고 건전한 영적 환경을 제공하는 것도 바람직하고 필요한 일이다. 그러나 부모가 주님 안에서 자녀를 직접 양육하고 적절히 징계하는 일을 대체할 만한 것은 아무것도 없다. 자녀를 징계하는 일에 대해서는 다음 장에서 자세히 다루려 한다. 자녀 훈육은 '지키는 것'에 해당한다. 징계는 자녀를 제자화하는 것과는 다르다. 제자화란 '일하는 것,' 곧 자녀와의 관계를 돈독히 하여 그들의 마음에 예수님을 믿는 믿음을 싹 틔우는 사역을 가리킨다.

"네 마음을 나에게 다오"

잠언에서 자녀 양육에 관한 말씀을 딱 한 구절만 고르라면, 나는 잠언 23장 26절을 고를 것이다(자녀 양육에 대한 성경의 지혜가 이 한 구절에 고스란히 담겨 있다). 이 구절은 그리스도 안에서 하나님의 자녀가 된 우리와 아버지이신 하나님과의 관계는 물론, 세상의 아버지와 자녀의 관계도 심도 있게 다룬다. 이 말씀은 아버지가 아들에게 전하는 모든 지혜의 근간이다. 이 구절에서 아버지는 아들에게 "내 아들아, 네 마음을 내게 주며"라고 간청한다. 참된 아버지는 자녀들을 보면서 그런 열망을 느낀다. 잠언에 기록된 조언과 명령은 모두 이 한 가지 열망, 곧 자녀의 마음을 얻어 그 마음을 주님께 바치고자 하는 아버지의 열정에서 비롯된다.

마음은 모든 것을 여는 열쇠이다.

"모든 지킬 만한 것 중에 더욱 네 마음을 지키라. 생명의 근원이 이에서 남이니라"(잠 4:23).

마음은 생각과 감정과 욕망과 의지를 모두 아우르는 속사람이다. 마음은 우리의 내면에 있는 사람(참되고 본질적인 실체)이다. 하나님은 우리의 속사람을 온전히 소유하고 싶어하신다. 지혜로운 아버지는 자녀의 마음을 얻고 싶어한다. 그는 자녀가 세상의 아버지인 자신과 하늘의 아버지이신 하나님께 자발적으로 마음을 드리기를 원한다.

"내 아들아, 네 행위를 올바로 하라"라고 가르치지 않는다. 자녀의 마음을 움직이지 않고서도 권위를 내세워 겉으로 복종하게 만드는 것은 그리 어렵지 않다. 더 나은 결과나 진정한 변화를 적극적으로 원하지 않는다면, 우리는 대부분 부권(父權)을 강제적으로 행사하는 것으로 만족할 것이다.

또한 마치 자녀가 올바른 때에 올바른 곳에 있기만 하면 모든 것이 저절로 해결되기라도 하는 것처럼, "내 아들아, 내가 원하는 곳에 있어다오"라고 가르치지도 않는다. 예를 들어, 예배는 주일 아침에 예배당에 나오는 것으로 끝나지 않는다. 그런데도 자녀들이 예배에 참석하는 것만으로 만족하는 부모가 많다.

자녀들의 마음을 움직여 그들과 사랑의 관계를 맺고, 예수 그리스도 안에서 믿음으로 서로의 마음이 하나가 되는 것, 바로 그것이 부모가 감당해야 할 제자화의 목적이다. 아버지가 교회와 주일학교와 기독교 학교와 같은 신앙적인 환경을 오랫동안 자녀에게 마련해 주었는데도,

자녀가 반항을 일삼아 통제할 수 없는 상태가 되었다면, 그 원인은 도대체 무엇일까? 간단하다. 자녀의 마음을 얻지 못했기 때문에 그렇게 된 것이다.

자녀를 제자화하는 사역의 가장 큰 목표는 그들의 마음을 주님께로 향하게 만드는 것이다. 행동이나 장소에 초점을 맞추기보다는 사랑으로 자녀의 마음을 감동시켜 그들의 마음을 얻어야 한다.

그렇다면 어떻게 해야 할까? 첫째, 나이가 아무리 어리다고 하더라도 마음은 저절로 움직이는 것이라는 사실을 기억해야 한다. 마음은 억지로 빼앗을 수 없다. 따라서 아버지가 먼저 모범을 보여야 한다. 자녀들에게 그들이 원하는 바를 먼저 베풀어야 한다. "내 아들아, 네 마음을 나에게 다오"라고 간청하기 전에 우리의 마음을 자녀에게 주어야 한다.

자녀에게 마음을 주라

아버지가 자녀에게 마음을 주는 것은 한 번으로 그치는 일이 아니다. 그것은 인내와 사랑과 은혜와 긍휼과 시간이 필요한 항구적인 과정이다. 자녀들이 우리에게서 가장 원하는 바(우리의 사랑과 인정과 관심과 참여와 시간)를 얻을 수 있어야 한다. 시간과 힘이 한정되어 있는 것처럼, 우리가 마음을 기울일 수 있는 일들과 사랑도 한정되어 있다. 주부들은 남편과 자녀를 챙기기 위해 다른 관심과 욕구를 자제한다. 마찬가지로 가장도 자녀들을 배제하는 취미 활동을 자제해야 하며, 직업 활동에만 너무 매달려서도 안 된다. 가장은 대부분 가족들에게 관심 없이 살아가는 경우가 많다. 그러나 자녀나 아내에게 마음을 주려면, 시간과 관심을 할애해야 한다.

나 역시 이 점에 관해 많이 생각한다. 왜냐하면 나는 이런 책을 쓸 정도로 일에 욕심이 많은 편이기 때문이다. 또 나는 교회를 담임하고 있고, 이따금 다른 곳에서 말씀을 전한다. 이런 것이 아내와 자녀에게 마음을 주는 것을 방해하지 않는다면 상관없지만, 그렇지 않을 때는 문제가 발생한다.

그렇다면 아버지로서 자녀와 깊고 친밀한 관계를 유지하면서도 생산적인 일에 열심히 몰두할 수 있을까? 물론이다. 모든 것은 아버지의 마음 자세에 달려 있다. 자녀의 마음을 헤아릴 줄 아는가? 자녀들이 말을 장황하게 늘어놓더라도 관심을 가지고 모두 들어 주는가? 만일 아버지가 이제부터 소개할 네 가지 방법(읽기, 기도하기, 일하기, 놀기)을 진지하게 실천한다면, 자녀와의 관계가 소원해지지 않고서도 얼마든지 많은 일을 할 수 있다.

만일 아버지가 자주 "미안하다. 시간이 없구나"라고 말한다면, 자녀는 다른 곳(자기가 좋아하고, 관심을 두고 싶은 일)에 마음을 기울일 것이 불을 보듯 뻔하다. 젊은이들이 겪는 많은 어려움(마약이나 폭력단 활동, 때 이른 이성 교제)이 그들이 가정에서 소속감을 느끼지 못하는 데서부터 시작된다.

한 아버지의 경우

1972년은 두 가지 이유에서 나에게 무척 힘든 해였다. 그해 나는 열두 살로 6학년이 되었는데, 그보다 더 중요한 것은 아버지가 일 년 내내 베트남에 머물렀다는 것이다. 아버지는 그 전에도 종종 기동 훈련이나 간단한 작전을 수행하기 위해 한 달 정도씩 집을 비우곤 했다. 또 베트남에 파견되어 제법 오랫동안 머문 적도 있었다. 그러나 그때는 내가 매우 어렸기 때문에 아버지의 부재를 크게 의식하지 못했다. 그러나 이번에는 달랐다. 내 인격이 형성되는 중요한 시기에 아버지가 일 년이나 집을 비운 채 전쟁에 참전하셨기 때문이다.

아버지의 부재는 나와 어머니와 형의 삶에 큰 공백을 남겼다. 당시를 떠올리면 슬픈 기억이 많다. 우리 가족은 언제나 아버지가 전사할지도 모른다는 두려움을 안고 살았다. 친구들의 아버지들 가운데 베트남에서 전사한 분들이 많았기 때문에 우리의 두려움은 매우 현실적이었다.

그러나 모든 기억이 다 슬프기만 한 것은 아니다. 일주일에 한 번씩 아버지에게서 편지를 받은 일은 매우 즐거웠던 기억 가운데 하나이다. 아버지와 어머니는 거의 일주일에 한 번씩 편지를 주고받았고, 우리 가족은 주말마다 아버지에게 우리 가족의 음성을 녹음한 카세트테이프를 보냈다(요즘에는 인터넷이 발달되어 전쟁터에 간 가족과 연락을 주고받기가 훨씬 더 쉬워졌다).

아버지가 나에게 보내신 편지를 생각하면 지금도 눈시울이 붉어진다. 아버지는 자신의 생활을 언급하면서 편지를 시작하곤 하셨다. 아버지는 군대 생활에 관한 거창한 내용보다는 주위에서 일어난 소소한 일이나 직접 목격한 일을 주로 적어 보냈고, 나의 생활에 관한 일을 언급하기도 하셨다. 예를 들면, 다음과 같다.

"사랑하는 릭에게,
야구 경기에서 공을 멋지게 받아 냈다는 소식을 들었다. 경기에서 이기고 참으로 기뻐했다고 엄마가 전해 주시더구나. 나도 경기를 직접 보았더라면 좋았을 테지만, 보지 못했어도 네가 공을 받는 모습이 눈에 선하구나."

나의 아버지가 어떻게 했는지 알겠는가? 아버지는 지구 반대편에 계시면서도 내가 아들이라는 사실을 잊지 않고, 나에게 온 마음을 기울이셨다. 나는 그런 아버지의 마음을 잘 느낄 수 있었다. 왜냐하면 전쟁터로 떠나기 전에 함께했던 관계가 편지에 고스란히 묻어났기 때문이다. 물론 아버지의 편지에는 나를 꾸짖는 내용도 있었다. 당시 나는 아버지가 집을 비운 상태에서 열두 살 소년으로 생활해야 했기 때문이다.

"사랑하는 릭에게,
네가 최근에 엄마에게 말대답을 했다는 소식을 듣고서 기분이 몹시 언짢았다. 내가 국가를 위해 헌신하는 동안, 너는 순종하는 아들이 되어 줄 것이라고 믿는다."

아버지는 편지로 나의 삶과 관련된 모든 문제, 즉 학교생활과 교회생활, 가정생활과 운동 활동 등을 다루었다. 어머니는 아버지에게 그 모든 일들을 세세히 적어 보냈다. 그리고 아버지는 지휘관이라는 중책을 맡아 생사가 오가는 전쟁을 수행하면서도 나의 생활에 깊은 관심을 기울였다. 나는 그 사실을 분명히 알 수 있었다. 아버지는 "아들아, 네 마음을 내게 다오"라고 말하기 전에 이미 아들인 나에게 자신의 마음을 모두 내주셨다. 그래서 나는 내 마음을 아버지에게 내드리지 않을 수 없었다.

나는 아버지가 세상을 떠나실 때까지 아버지와 항상 친밀한 관계를 유지했다. 그리고 아버지가 운명하실 때는 곁에서 시편을 읽어 드리는 영광을 누렸다. 아버지가 알링턴 국립묘지(Arlington National Cemetery)에 묻히실 때, 형과 나는 아버지의 아들로서 누린 특권과 복에 대해 이야기하는 추도사를 낭독했다. 그곳에서 나는 아버지의 군대 친구들을 많이 만났다(그때의 일을 결코 잊지 못할 것이다). 그중에는 내가 자라면서 자주 만났던 장군이 한 사람 있었다. 그는 내 눈을 지그시 바라보면서, "네가 오늘 네 아버지에 대해 말한 것처럼, 내 아들도 나의 장례식에서 그렇게 말해 주었으면 더 바랄 것이 없겠구나"라고 말했다. 나는 그 말에 솔직하게 답할 수가 없었다. 왜냐하면 그와 그의 아들을 잘 알고 있었기 때문이다. 그의 아들은 자신의 아버지에 대해 내가 나의 아버지에 대해 말했던 것처럼 말하지 않을 것이 분명했다. 왜냐하면 그가 아들에게 마음을 주지 않았고, 그래서 아들의 마음이 그에게서 매우 멀어져 있었기 때문이다. 그러나 그 장군에게 그렇게 말해 봤자 아무 소용이 없을 것이 뻔했다. 다만 나는 그때의 일을 경계로 삼아 나의 자녀들이 그렇게 되지 않도록 노력한다.

자녀의 마음을 움직일 수 있는 네 가지 방법

아버지가 자녀들에게 관심을 기울인다고 해서 그들의 마음이 무조건 열리는 것은 아니다. 자녀의 마음을 열려면, "일하고 지키라"라는 창세기 2장 15절의 원리를 실천해야 한다. 아버지는 자녀의 마음이라는 밭을 일구고 경작하고 지켜야 한다. 지키는 일(기쁨과 사랑의 관계를 통한 훈육)에 대해서는 다음 장에서 자세히 다룰 것이다.

놀랍게도 아버지에게서 칭찬을 들어 본 적이 없고, 항상 비난과 꾸지람만 듣고 자랐다는 사람들이 많다. 아버지에게서 절대 성공할 수 없는 못난이라는 말을 귀에 못이 박히도록 들었다는 사람들도 적지 않다. 목회자의 역할 중 하나는 그렇게 자란 사람들의 상처를 치유하는 것이다. 목회자는 그런 사람들을 하늘에 계신 하나님 아버지의 사랑으로 치유해야 한다(하나님은 세상의 어떤 아버지보다 훨씬 더 많은 능력을 가지고 계신다). 아버지들은 사랑과 칭찬이라는 비료로 자녀들의 마음을 비옥하게 만들어야 한다.

경건한 아버지는 자녀들의 마음에 좋은 것들을 심는다. 예를 들면, 다음과 같은 것들이 있다.

- 그리스도를 믿는 믿음의 씨앗
- 진리와 선을 사랑하는 마음
- 자녀가 경건한 사람이 되기를 바라는 소망과 꿈
- 하나님이 어떤 소명을 주시든 그분을 충실하게 섬길 수 있는 재능과 능력을 갖추고 있다는 확신

경건한 아버지는 이런 것들을 자녀의 마음에 심어 준다. 그런 아버지는 자신의 마음을 보여 주고, 자녀의 말에 귀를 기울이며, 자녀의 인격 형성을 돕고, 어린 식물과 같은 자녀를 믿음과 사랑으로 양육한다.

경건한 아버지가 되려면, 자신의 마음을 보여 주고, 자녀의 마음을 잘 가꾸어야 한다. 자녀와 그런 관계를 맺으려면 어떻게 해야 할까? 무엇보다 양적인 시간은 중요하지 않고 질적인 시간만 중요하다는 생각부터 버려야 한다.

그렇다면 아버지는 자녀와 어떤 식으로 양적인 시간을 보내야 할까? 이 문제를 네 가지 범주로 나누어 생각해 보려고 한다. 읽고, 기도하고, 일하고, 노는 것이다. 다시 말해, 자녀들과 함께 하나님의 말씀을 읽고, 함께 기도하고, 함께 일하고, 함께 노는 것이 필요하다.

읽기

첫 번째는 아버지의 말씀 사역이다. 아버지는 자녀들에게 하나님의 말씀을 읽어 주고, 그들이 이해할 수 있도록 교리를 잘 설명해 주고, 그

들의 마음에 성경의 교훈을 적용해야 한다(물론 어머니의 말씀 사역도 똑같이 중요하다).

자녀들을 교회와 주일학교와 수련회와 기독교 학교에 보내는 것만으로는 충분하지 않다. 자녀들에게 직접 성경을 읽어 주어야 한다. 자녀들에게 성경의 진리에 따라 살아야 한다는 점을 깨우쳐 주어야 한다. 아버지는 자신의 믿음이 성장하도록 노력하는 가운데 늘 시간을 내 자녀들에게 성경을 읽어 주고, 또 함께 성경을 읽어야 한다.

하나님의 말씀은 살아 있고 활력이 있다(히 4:12 참고). 말씀은 믿는 마음에 생명을 주고(사 55:10,11 참고), 눈을 밝게 하며, 속사람을 지혜롭게 만든다(시 19:7-9 참고). 성경이 일상의 대화가 되어야 한다. 단지 형식적으로 성경을 읽는 데 그치지 말고, 생명을 주는 가르침을 함께 배우고 논의해야 한다.

가족이 함께 성경을 읽는 시간을 가지지 못한다면, 삶의 우선순위를 진지하게 생각해 봐야 한다. 요즘에는 가정 예배를 드리는 가정에서 성장하지 못한 기독교인들이 많다. 가정 예배의 관습을 되살리는 것이 무엇보다 시급하다. 물론 교회에서 성경을 가르치듯이 세밀하게 파고들 필요는 없다. 가족들이 부담 없이 함께 모여 성경을 읽거나 성경의 진리를 가르치는 신앙 도서를 읽고, 잠시 의견을 나눈 뒤에 기도하는 것으로 충분하다.

각 가정의 형편에 따라 아침 식사 시간이나 저녁 식사 시간, 또는 저녁 식사를 마치고 난 뒤에 그런 시간을 가질 수 있다. 일주일에 한 번

온 가족이 함께 모여 제법 오랫동안 예배하는 시간도 필요하지만, 날마다 간단하게 가정 예배를 드리는 것이 더 중요하다. 아버지가 성경학자가 되어야 할 필요는 없지만, 자녀들에게 반드시 성경을 읽어 주고 가르쳐야 한다. 믿음으로 그렇게 하면, 진리의 말씀이 아버지와 자녀들의 마음을 하나로 묶어 줄 것이다.

기도하기

아버지가 자기에게 맡겨진 동산을 가꾸는 또 다른 방법은 기도를 통해 자녀를 양육하는 것이다. 자녀 양육은 자녀들을 위해 기도하고, 그들과 함께 기도함으로써 이루어진다.

기도도 성경 말씀처럼 자녀를 충실히 양육하는 데 반드시 필요하다. 기도는 부모의 사랑을 자녀들의 마음에 심어 줄 뿐 아니라 하나님의 주권적인 은혜를 의지하는 것을 보여 주는 좋은 수단이다. 자녀들이 그들을 위해 간구하는 부모의 기도 소리를 듣고 자라야 한다. 아울러 부모와 함께 자주 기도해야 한다. 이런 기도에는 자연히 하나님을 찬양하는 내용과 가족 이외의 사람들을 위한 기도가 포함된다. 부모는 자녀들의 구체적인 문제(현재 자녀들의 마음을 짓누르고 있는 문제)를 위해 기도해야 한다. 자녀들은 마음에서 우러나오는 부모의 기도를 듣고 자라야 한다. 그러기 위해서 부모는 자녀들을 잘 이해하고, 그들의 어려움(또래 집단의 문제, 건강 문제, 시험에 대한 걱정, 친구 관계에서의 문제 등)을 잘 파악해야 한다.

어느 날 나는 딸과 대화를 나누었다. 딸아이를 매우 고민스럽게 하는 어려움이 있었기 때문이다. 딸아이는 자신의 상황은 물론, 하나님에게까지 매우 실망하고 있었다. 딸아이는 "아빠, 아빠가 저를 위해 늘 기도하신다는 것을 알고 있어요. 그런데 하나님은 왜 아빠의 기도를 들어주시지 않는 걸까요?"라고 말했다. 딸아이가 내가 자기를 위해 기도하고 있다는 사실을 알고 있다니 참으로 기뻤다. 그리고 나는 딸아이의 어려움을 기쁘게 해결해 줄 수 있었다.

또한 우리는 자녀들에게 속마음을 털어놓고 우리를 위해 기도해 달라고 요청해야 한다. 물론 때로는 자녀들이 깊이 관심 갖지 않아도 되는 어른들만의 문제도 있다. 그러나 그렇지 않은 문제에 대해서는 자녀들도 알고 기도해야 한다. 예를 들어, "아빠가 목회 사역과 관련해 어려운 결정을 내려야 한단다. 아빠를 위해 하나님의 지혜와 도우심을 구해 주렴"이라거나 "아빠의 직장에 하나님의 도우심과 인도하심이 필요한 문제가 있으니 기도해 주렴"이라고 요청할 수 있다. 진정한 관계는 양방향으로 이루어진다. 자녀들과 친밀한 관계를 맺으려면, 그들에게 우리의 문제를 위해 기도해 달라고 부탁해야 한다.

일하기

자녀들과 친밀한 관계를 맺기 위해서는 그들과 함께 일하는 것이 필요하다. 즉, 자녀들이 감당해야 할 과제나 일을 도와주어야 한다.

자녀들의 학업에 높은 기대를 걸고, 열심히 공부하라고 재촉하는 것만으로는 충분하지 않다. 자녀들의 공부를 도와주고, 그들의 문제를 해결해 주고, 아낌없이 지지하고 격려해야 한다.

아버지는 진지한 관심을 기울이는 것으로 그치지 말고, 그런 관심을 행동으로 옮겨야 한다. 생일 초대장을 모아서 보관하는 일을 도울 수도 있고, 야구 투수가 되기 위해 팔 힘을 기르는 일을 도울 수도 있다. 지지하고 격려하면서 자녀의 일에 깊이 관여할수록 서로의 관계가 더욱 돈독해질 것이다.

양방향의 관계는 여기에도 똑같이 적용된다. 우리는 자녀들을 우리의 일에 참여시켜야 한다. 물론 자녀들을 직장에서 하는 일에 참여시키라는 뜻은 아니다. 집안의 허드렛일이나 마당 정리나 간단한 집수리와 같은 일이면 충분하다. 나의 자녀들, 특히 나의 아들들은 집안일을 돕기를 좋아한다. 물론 나도 집안일에 능숙하지 않은데 나보다 훨씬 못하는 자녀들에게 일을 시키려면 많은 인내가 필요하다. 자녀들을 일에 참여시켜 가르치려면 모든 것이 더 어렵고 더디게 이루어지기 마련이다. 그러나 그것이 무슨 상관인가? 일의 진행 속도보다는 자녀들과 함께 일하면서 서로의 관계를 돈독하게 하는 것이 훨씬 더 중요하다.

놀기

마지막으로, 아버지는 자녀들과 함께 놀아야 한다. 아버지가 자녀들의 놀이에 참여할 수도 있고, 아버지의 놀이에 자녀들을 참여시킬 수도 있다. 가족들은 즐겁고 흥겨운 시간을 함께 나누어야 한다.

나의 자녀들이 아주 어렸을 때는 그런 시간을 갖기가 어려웠다. 어린 아이의 장난감을 가지고 함께 노는 것은 결코 쉬운 일이 아니었다(물론 나의 노력이 부족했기 때문이다). 그러나 아이들이 자라자 함께 놀아 주는 일이 훨씬 즐거워졌다. 아들들과는 블록 쌓기나 비디오 게임을 할 수도 있다. 그러려면 자녀들이 블록으로 무엇을 만들고 싶어하는지를 알아야 한다. 자녀들은 나에게 자신들의 창의적인 생각을 상세히 설명할 것이다. 비디오 게임을 같이 하려면 게임에 대해 충분히 알아야 한다. 그래야 게임에 관한 대화를 이해할 수 있다. 그렇다면 비디오 게임 실력을 갈고 닦아 자녀들보다 더 높은 점수를 얻는 것이 중요할까? 그렇지 않다. 아들들이 좋아하는 게임을 이해하고, 시간을 할애해 함께 놀아 주는 것이 중요하다.

딸들의 경우도 마찬가지이다. 물론 딸들의 놀이 가운데는 아버지의 관심을 끌지 못하는 것이 더러 있다. 그렇더라도 그들에게 진지하게 관심을 기울이고, 인형이나 소꿉놀이 도구에 관해 즐겁게 설명하는 말을 열심히 들어 주어야 한다. 딸들의 마음을 얻으려면 그들의 세계에 동참해야 한다.

자녀들이 충분히 성장하고 나면, 가족이 모두 야외로 나가 함께 놀면서 어울리는 시간을 가지는 것이 좋다. 가족이 함께 어울리면 흥미롭고 재미있는 경험을 서로 공유할 수 있고, 가족의 마음을 하나로 묶을 수 있다.

아울러 아버지는 자녀들을 자신의 놀이에 참여시켜야 한다(물론 죄를 짓게 만드는 놀이에 동참시켜서는 안 된다). 예를 들어, 나는 보스턴 '레드삭스(Red Sox)'의 열렬한 팬이지만, 십 년 전부터 야구에 대한 관심을 끊었다. 가장 큰 이유는 시간이 없었기 때문이다. 그러나 아들들이 초등학교에 들어가자 나는 '레드삭스'에 다시 관심을 가졌고, 아들들과 함께 나누었다. 지금은 딸들도 야구에 관심이 많다. 야구는 우리의 마음을 하나로 묶어 주었다. 우리는 여름철 저녁마다 우리가 응원하는 팀이 얼마나 잘하고 있는지를 함께 살펴보곤 한다. 우리는 우리가 좋아하는 선수들을 쫓아다니고, 열렬한 팬으로서 때로는 기뻐하기도 하고 때로는 탄식하기도 한다. 우리는 이 모든 것을 함께하고 있다.

  지금까지 본 바와 같이 읽기, 기도하기, 일하기, 놀기, 이 네 가지 방법을 통해 나는 자녀의 삶에 친밀하고 적극적으로 관여한다. 규칙적으로 자녀들에게 성경을 읽어 주고, 또 그들과 함께 성경을 읽어야 한다. 또한 하나님의 은혜의 보좌 앞에서 함께 기도하고 예배함으로써 서로의 짐을 나누어 져야 한다. 우리는 자녀들의 일에 참여해 그들을 돕고 격려해야 한다(물론 그들도 나의 일에 참여하도록 이끌어야 한다). 우리는 일대일로나 온 가족이 모여 서로 즐겁게 웃고 놀 수 있는 시간을 마련해야 한다. 그러기 위해서는 자신의 시간을 할애해야 한다. 자녀들에게 "내 아들아, 내 딸아, 네 마음을 내게 다오"라고 말할 수 있는 권리를 확보하려면, 시간을 투자해야 한다.

자녀들의 성장 과정과 한 가지 목적

자녀들이 어릴 때는 부모가 자녀에게 할 일을 지시하고, 자녀들은 부모의 말에 복종해야 한다. 그러나 자녀들이 충분히 자라면, 부모는 권위보다는 영향력으로 그들을 양육해야 한다. 사춘기를 지나 청년으로 성장하는 과정에서는 부모의 명령이 아니라 자신들이 생각하고 바라는 대로 선택하고 결정해야 할 책임이 더욱 커지기 마련이다. 따라서 부모도 점차 달라져야 한다. 자녀를 손에 쥐고 흔들려고 하지 말고, 조금씩 재량권을 주어야 한다. 권위자가 아닌 인도자가 되어야 하며, 강제적으로 권위를 행사하는 대신 신중하고도 시의 적절한 조언을 통해 영향력을 발휘해야 한다.

자녀들에게 재량권을 주라는 나의 조언은 충분히 성장한 자녀들을 둔 부모들에게만 적용되는 것은 아니다. 물론 충분히 성장한 자녀를 둔 부모들이 그런 과도기적 상황을 의식하는 것은 확실히 중요하다. 그러나 그런 의식은 나이 어린 자녀를 둔 부모들에게 훨씬 더 중요하다.

어린 자녀를 양육하는 시기는 매우 중요하면서도 **빠르게 지나간다**. 때로는 자녀들의 어린 시절이 영원할 것처럼 보이지만, 그렇지 않다. 자녀들은 얼마 지나지 않아 부모의 권위에서 벗어나며, 당연히 그래야 한다. 상당히 어린 나이 때부터 이 일이 시작된다. 그 순간이 다가올수록 자녀들의 마음을 얻을 기회가 점점 줄어든다.

따라서 아버지는 그런 시기를 미리 염두에 두고, 자녀들이 아직 어릴 때 사랑의 관계를 단단히 다지려고 노력해야 한다. 고등학교에 다닐 때가 아니라 유치원에 다닐 때 자녀들에게 성경의 중요성을 가르쳐야 한다. 또 초등학교에 다닐 때부터 시간을 할애해 선의와 신뢰의 관계를 형성해야 한다. 그래야 여러 가지 변화로 인해 당혹감과 혼란을 많이 느끼는 시기, 곧 사춘기를 지나 청년으로 성장하는 시기에 그들에게 긍정적인 영향을 미칠 수 있다.

나는 고등학생 때 부모님에게서 받은 긍정적인 영향력이 아직도 생생히 기억난다. 나는 부모님과 친밀했다. 그분들이 내가 자라는 동안 줄곧 나에게 많은 시간과 노력을 기울였기 때문이다. 내가 미숙하고 젊은 성인의 시기를 보내는 동안, 부모님께서 가르쳐 주신 가치관과 그들을 실망시키지 않으려는 나의 마음이 나의 행동을 결정하고 통제하는 데 큰 영향을 미쳤다.

잠언 저자는 "내 아들아, 네 마음을 내게 주며"(잠 23:26)라고 말한다. 이렇게 자녀가 부모에게 마음을 주기 위해서는 부모를 신뢰하고 인정하고 사랑해야 한다. 그렇게 되면 힘들고 혼란스런 사춘기를 안전하게 극복할 수 있다.

언젠가 자녀들은 집 밖에서 강한 유혹과 영적 공격을 받게 될 것이다. 그들이 만나게 될 유해한 청년 문화가 부모를 실망시키지 않으려는 마음을 내던지고 마음껏 자유를 누리라고 부추길 것이다. 그러나 우리는 더 큰 희망을 가질 수 있다. 자녀들에게 예수님의 영광을 구하는 열정과 복음의 진리를 추구하는 정신을 심어 준다면, 그들이 세속 문화에 대항할 수 있는 힘을 기를 수 있을 것이다. 주님과 그분의 은혜로운 복음을 향한 열정이야말로 아버지가 자녀들에게 심어 줄 수 있는, 가장 강력하고 고귀하고 탁월한 열정이 아닐 수 없다.

우리가 자녀들의 마음을 얻는 가장 큰 이유는 그들의 마음을 예수님께로 이끌기 위함이다. 이것이 가족으로서 함께 생활하며 성경을 읽고 기도하는 목적이다. 우리가 주님을 경외하고 기뻐하는 모습을 더 많이 보여 줄수록, 우리의 자녀들은 사랑과 기쁨 속에서 거룩하게 살아가는 우리의 모습을 바라보면서 하나님의 은혜와 능력을 더욱 생생하게 의식하게 될 것이다. 그런 우리의 모습을 통해 자녀들은 예수님을 더욱 매혹적인 분으로 바라보게 될 것이다. 우리는 자녀들을 주님께로 인도해 "내게로 오라"(마 11:28)라는 그분의 음성을 들을 수 있도록 기회를 제공해야 한다. 우리는 자녀들이 우리의 삶과 생각과 열정을 통해 예수님의 빛을 볼 수 있도록 힘써야 한다. 우리의 자녀들이 예수님을 세상의 빛으로 받아들여 그분을 따라야만, 그분의 말씀대로 '어둠에 다니지 아니하고 생명의 빛을 얻을'(요 8:12 참고) 수 있다. 그래서 아버지인 우리가 먼저 주님께 마음을 활짝 열고, 우리를 통해 자녀들이 예수님을 매력 있고 매혹적인 모습으로 보게 만들어야 하는 것이다. 바로 그것이 우리의 궁극적인 목표이자 동기이다.

묵상과 나눔을 위한 질문

1. 제자화와 징계의 차이는 무엇인가? 그 둘은 어떤 관계에 있는가? 기독교인의 자녀 양육에 이 두 가지가 반드시 필요한 이유는 무엇인가?

2. 아버지가 자녀의 마음을 얻는 것이 왜 기독교적 자녀 양육의 중요한 원리인가?(잠 23:26 참고) 어린 시절의 경험이 당신의 생각에 어떤 영향을 미치는가? 자녀들에게 마음을 열지 못하게 만드는 심리적 장애가 있다면 무엇인가?

3. 자녀들에 대한 아버지의 역할을 식물을 기르는 농부의 역할에 빗대어 생각해 보라.

4. '읽기, 기도하기, 일하기, 놀기'라는 네 가지 방법이 자녀들과 삶을 공유하는 데 유익한가? 이 네 가지 방법 중 당신에게 가장 어려운 것은 무엇인가?

5. 가정 예배 시간을 마련해 가족들과 함께 성경을 읽고 기도하는가? 그런 시간이 왜 중요한가?

6. 자녀들에게 예수님을 향한 열정을 보여 주려면 어떻게 해야 할까? 그들에게 주님을 매력적인 분으로 제시하려면 어떻게 해야 할까?

Chapter 10

아버지로서의 소명 2
자녀를 징계하라(지키기)

아들들을 다음과 같이 양육한 아버지에 대해 어떻게 생각하는가?

- 한 아들은 이복누이를 강간했고, 그 때문에 다른 형제에게 보복을 당해 살해되었다.
- 형제를 살해한 아들은 아버지에게 반역했고, 그 결과 비참한 종말을 맞이했다.
- 나중에 셋째 아들도 아버지에게 반역했고, 넷째 아들이 아버지의 후계자로 지명되었다.

모범적인 가정이 아닌 것은 분명하다. 그렇지 않은가? 늙은 아버지에 대한 사랑과 존경심은 눈을 씻고 찾아봐도 없다. 이런 흉악한 아들들을 둔 아버지를 과연 영적 지도자로서의 본보기로 삼거나 부끄럽지 않은 부모라고 인정할 수 있겠는가?

성경을 잘 알고 있는 사람은 이것이 다윗 왕의 생애를 요약한 것임을 단번에 알아차릴 것이다. 그렇다. 그 아버지는 바로 '하나님의 마음에 맞는 사람'(삼상 13:14 참고)이요, 적어도 일흔다섯 편의 시편을 저술한 다윗 왕이다.

사실 성경에 등장하는 위인들의 삶을 살펴보면, 하나같이 실망스런 아들들을 두었던 것을 알 수 있다. 야곱의 아들들은 형제인 요셉을 증오해 그를 죽이려고 했다. 그렇게 요셉을 제거할 방법을 궁리하던 그들은 결국 그를 노예로 팔아넘겼다(창 37:18-28 참고). 대제사장 엘리의 아들 홉니와 비느하스는 성적 범죄를 일삼았다. 그들은 아무 부끄러움 없이 악행을 저질렀고, 그들의 행위가 이스라엘 백성들 사이에 널리 알려졌다. 더욱이 그들은 실로의 장막에서 사람들이 바친 희생 제물로 사사로이 잇속을 차렸다(삼상 2:22,23,27-29 참고). 그들의 행위가 너무나 악했기 때문에 하나님은 그들의 가문 전체를 징벌하셨다. 사무엘 선지자의 아들들도 부패하기는 마찬가지였다. 그로 인해 이스라엘의 장로들은 그들의 다스림을 받기를 거부하고(삼상 8:1-5 참고), 왕을 구하는 죄를 저질렀다.

"모든 나라와 같이 우리에게 왕을 세워 우리를 다스리게 하소서"(삼상 8:5).

심지어 내가 영웅으로 생각하는 위대한 왕 여호사밧도 아들 여호람을 악한 아합의 딸과 혼인시키는 잘못을 저질렀다. 여호람이 '이스라엘 왕들의 길을 가서 아합의 집과 같이 하였던'(왕하 8:18 참고) 것은 예견된 결과였다.

히스기야 왕의 아들은 훨씬 더 심각했다. 히스기야를 기억하는가? 그는 앗수르의 왕 산헤립이 포위 공격을 해 올 때 하나님께 기도한 위대한 왕이었다. 하나님께서 그의 기도를 들으시고 앗수르 군대를 진멸하셨다 (왕하 19장 참고). 그렇다면 히스기야의 아들은 어땠을까? 그의 아들 므낫세는 구약 시대의 아돌프 히틀러(Adolf Hitler)와 같은 왕이었다. 그는 기드론 골짜기에 몰렉 상을 세우고 어린아이들을 희생 제물로 바치게 한 사악한 지도자였다(왕하 21장 참고). 그의 뒤를 이어 위대한 개혁자 요시야 왕이 등장했다. 그러나 그는 유다의 마지막 의로운 왕이 되었다. 그의 뒤를 이은 아들(여호아하스)과 손자들(여호야김, 여호야긴, 시드기야)이 모두 사악한 왕이었기 때문이다.

이처럼 위대한 신앙인들의 아들들이 악하게 된 이유가 무엇일까? 그 한 가지 이유는, 그들이 자녀들의 마음을 얻는 일에 충분히 시간을 할애하지 못했기 때문이다. 그래서 왕들의 자녀들은 종종 망나니 왕자들로 성장하곤 했다. 또 한 가지 이유는, 구약 시대의 일부다처의 관습 때문이다. 신변에 불안을 느끼는 왕후들과 왕자들은 권력을 차지하기 위해 제각기 모략을 꾸며 암투를 벌여야 했다.

그렇다면 그중에서도 다윗의 가문이 가장 심각했던 이유는 무엇일까? 어떻게 다윗 왕과 같은 믿음의 영웅에게서 태어난 아들들이 그렇게 큰 범죄를 저질렀을까? 성경에서 "그(아도니야, 앞의 이야기에 등장하는 세 번째 아들)의 아버지가 네가 어찌하여 그리하였느냐고 하는 말로 한 번도 그를 섭섭하게 한 일이 없었더라"(왕상 1:6)라는 말씀을 발견할 수 있다.

바로 그것이다. 다윗은 아들들을 훈계하는 일을 소홀히 했다. 그는 아들들의 품행을 감독하지 않았다. 성경에서는 그가 아들들을 '한 번도' 훈계하지 않았다고 말한다. 다윗의 그런 태도가 아들들을 파멸로 이끌었다. 파멸의 순간이 갑작스레 다가오는 것 같지만, 사실 그것은 해로운 요소가 오랜 시간 서서히 누적되어 나타난 결과이다.

그렇다면 자녀들이 그런 악행을 저지르지 않도록 하기 위해 아버지는 어떻게 해야 할까? 아버지는 사랑으로 징계함으로써 자녀들을 해악으로부터 보호해야 한다.

자녀의 마음을 지키라

성경에 따르면, 자녀들을 가장 위협하는 것은 외부의 공격이나 재난 같은 물리적 요인이 아니다(물론 그런 요인도 현실적으로 자녀들을 위협할 수 있다). 가장 무서운 위협은 영적인 것, 곧 그들의 마음속에서 역사하는 죄의 권세이다. 예를 들어, 앞 장에서 언급한 유해한 청년 문화가 우리 자녀들을 위협하는 것은 그들이 죄의 영향력에 의해 쉽게 무너질 수 있는 부패한 본성을 지니고 있기 때문이다. 다윗은 "내가 죄악 중에서 출생하였음이여, 어머니가 죄 중에서 나를 잉태하였나이다"(시 51:5)라고 탄식했다. 겉으로 보기와는 달리, 우리의 자녀들은 '어린 천사'가 아니라 '어린 죄인'으로 태어난다. 테드 트립(Ted Tripp)은 "가장 사랑스러운 어린아이의 마음속에 있는 것들이 꽃을 피우고 열매를 맺도록 내버려 둔다면, 결국 파멸을 불러올 것이다"라고 말했다.[1]

여기서도 모든 것은 마음과 관련된다. 우리의 마음이 우리를 위협하는 이유는 우리의 본성이 부패했기 때문이다. 외부의 위협은 우리의 부패한 본성을 자극할 때만 우리를 해칠 수 있다. 따라서 자녀의 내면에 있는 죄의 문제를 해결하면, 외적인 죄의 문제도 해결할 수 있다. 자녀의 삶이라는 동산에서 자녀의 마음을 얻어 그리스도께로 인도하는 것이 '일하라'는 명령에 해당한다면, 부패한 욕망을 만족시키려는 성향으로부터 자녀의 마음을 보호하는 것은 '지키라'는 명령에 해당한다.

복종하게 하라

부모의 권위로 자녀의 마음을 지키려면, 가장 먼저 복종을 가르쳐야 한다. 오늘날 세상에 널리 퍼져 있는 가치관과는 달리, 성경은 부모에게 순종하는 것이 자녀의 의무라고 가르친다(엡 6:1 참고). 하나님은 아브라함을 가리켜 "내가 그로 그 자식과 권속에게 명하여 여호와의 도를 지켜 의와 공도를 행하게 하려고 그를 택하였나니"(창 18:19)라고 말

---

1) Ted Tripp, *Shepherding a Child's Heart*(Wapwallopen, Pa.: Shepherd Press, 1995), 105.

씀하신다. 즉, 아브라함은 가족들이 경건한 태도로 하나님께 복종하도록 이끌어야 할 책임을 부여받았다. 이것은 자녀들과 관련된 일을 결정하고 집행하는 권한이 아버지에게 있다는 것을 의미한다.

자녀들을 '지키는 일'은 겸손과 사랑의 정신과 충돌하지 않는다. 왜냐하면 아버지가 자녀들을 다스리지 않으면 죄가 그들을 다스릴 것이기 때문이다. 예레미야는 "만물보다 거짓되고 심히 부패한 것은 마음이라"(렘 17:9)라고 말했다. 따라서 부패한 마음이 자녀들을 지배하도록 방치해서는 안 된다. 부모가 비록 완전하지 못할지라도 하나님을 대신해 그분의 말씀으로 자녀들을 다스려야 한다. 잠언 저자는 "네 자식을 징계하라. 그리하면 그가 너를 평안하게 하겠고, 또 네 마음에 기쁨을 주리라"(잠 29:17)라고 말한다.

자제력을 발휘하라

아버지에게 권위가 주어졌다고 해서 자녀들을 함부로 대해도 좋다는 뜻은 결코 아니다. 성경은 "아비들아, 너희 자녀를 노엽게 하지 말고 오직 주의 교훈과 훈계로 양육하라"(엡 6:4)라고 가르친다. 아버지가 자제력을 잃고 자녀들을 함부로 대하면, 그들을 노엽게 만들기 쉽다. 아버지가 자제력을 잃고 지나치게 분노하는 것은 자녀들을 노엽게 하는 가장 큰 원인이 된다.

많은 아버지들은 자녀가 불순종할 때 자신의 권위와 명예가 실추되었다고 생각하고는 분노한다. 그러나 지나친 분노는 오히려 아버지의 권위를 손상시켜 자녀들이 아버지를 더 증오하고 멸시하는 결과를 낳을 뿐이다.

에베소서 6장 4절은 자녀들을 노엽게 하지 말고 주님의 훈계로 가르치라고 명령한다. 경건한 훈계와 잘못된 분노는 함께할 수 없다. 아버지의 권위를 잘 행사하려면, 야고보서 3장에서 경고하는 대로 감정을 다스리고 말을 절제해야 한다. 잘못된 분노와 거친 말은 공포심과 분노의 감정을 자극해 아버지와 자녀를 더욱 멀어지게 만든다. 아버지는 주어진 권위로 하나님을 영화롭게 하고, 자녀들을 보호해야 할 책임을 지고 있다.

자녀의 마음을 지키는 방법

부모가 자녀들의 잘못을 바로잡고 죄를 억제하는 방법으로는 크게 두 가지가 있다. 하나는 체벌이고, 또 하나는 훈계이다. 아버지가 된다는 것은, 말로 자녀들을 가르치고 하나님께서 허락하신 체벌과 훈계라는 수단을 사용해 기강을 바로 세워야 할 책임을 지는 권위자가 된다는 의미이다. 우리의 징계의 목적은 하늘에 계신 아버지 하나님이 우리를 징계하시는 목적과 똑같다.

"무릇 징계가 당시에는 즐거워 보이지 않고 슬퍼 보이나 후에 그로 말미암아 연단 받은 자들은 의와 평강의 열매를 맺느니라"(히 12:11).

체벌 – 매를 아끼지 말라

체벌이란 매를 드는 것이다. 성경은 어린 자녀에게 죄를 억제하는 능력과 지혜를 가르치는 데는 체벌이 반드시 필요하다고 말한다. 예를 들어, 잠언은 이렇게 가르친다.

"아이를 훈계하지 아니하려고 하지 말라. 채찍으로 그를 때릴지라도 그가 죽지 아니하리라. 네가 그를 채찍으로 때리면 그의 영혼을 스올에서 구원하리라"(잠 23:13,14).

"채찍과 꾸지람이 지혜를 주거늘 임의로 행하게 버려둔 자식은 어미를 욕되게 하느니라"(잠 29:15).

"매를 아끼는 자는 그의 자식을 미워함이라. 자식을 사랑하는 자는 근실히 징계하느니라"(잠 13:24).

트립은 "체벌은 어린 자녀의 마음을 겸손하게 만들고, 부모의 가르침에 복종하게 만든다……체벌은 어린 자녀에게 순종을 가르쳐 생명의 말씀을 받아들이도록 이끈다"라고 말한다.[2]

부모가 자녀의 죄나 잘못된 행위를 뉘우치게 할 생각으로 자녀를 절도 있게 징계하는 것은 참으로 중요하다. 특히 다음의 원칙을 지킨다면, 여러 가지로 유익할 것이다.

첫째, 다른 사람들이 보지 않는 곳에서 체벌하라. 여러 사람 앞에서 체벌하여 부끄러움을 느끼게 해서는 안 된다. 체벌은 은밀히 이루어져

---

2) Ibid., 107.

야 한다.

둘째, 무엇을 잘못했는지를 분명히 말해 주라. 어떤 행동이 왜 잘못되었는지를 분명히 설명해야 한다. 나도 체벌이 필요할 때면 먼저 어떤 규칙을 어겼는지를 말해 준다.

셋째, 잘못을 인정하도록 요구하라. 자녀가 잘못된 행위를 인정할 수 있어야 한다. 자녀가 잘못을 인정하면 어떤 벌을 받아야 할지를 구체적으로 일러 주고, 왜 그런 벌이 필요한지를 설명해 주라.

넷째, 안아 주고, 확신을 주고, 권고하라. 회초리로 종아리를 호되게 때린 뒤에는(충분히 고통을 느낄 만큼 때리되 상처가 날 정도로 해서는 안 된다) 자녀를 안아 주고 화해하라. 또한 예수 그리스도의 보혈로 죄가 용서되었다고 말하고, 다시는 잘못을 되풀이하지 말라고 타이르라.

다섯째, 필요한 경우에는 체벌을 반복하라. 체벌하는 목적은 죄를 인정하고 순순히 징계를 받아들이는 자녀로 만드는 것이다. 자녀가 순종적인 태도를 보이지 않을 때는 진정으로 복종할 때까지 거듭 체벌해야 한다.[3]

자녀들이 우리의 체벌 방식과 태도를 보고 '우리 아버지는 화를 잘 내고 너무 잔인해'라고 느껴서는 안 된다. 자녀들이 '내가 잘못했어. 다시는 그런 일을 하지 않을 거야'라고 다짐할 수 있어야 한다.

---

3) 어떤 주석학자들은 성경이 '매'를 언급하는 것이 손으로 직접 때리지 말고 적절한 체벌 도구를 사용하라는 가르침을 주기 위한 것이라고 설명한다. 이는 자녀가 아버지의 손을 공포의 대상으로 여기지 않게 하라는 의미인 듯하다.

체벌을 올바로 활용한다면, 단호하고 즉각적인 사랑의 징계를 통해 자녀의 순종하지 않는 태도를 바로잡고, 훈계할 수 있다. 열왕기상 1장 6절의 말씀대로, 자녀를 섭섭하게 하는 일이 없다면 자녀들이 제멋대로 행동하는 불행한 아이로 성장할 가능성이 높다.

　요즘 사회는 체벌을 옳지 않고 해로운 것으로 여긴다. 솔직히 그것은 잘못된 생각이다. 그런 생각은 우리의 자녀들을 해친다. 일전에 비행기를 탔는데, 한 남자가 유치원에 다닐 나이로 보이는 아들을 데리고 내 옆자리에 앉았다. 그 아이는 비행기 안에서 차츰 말썽을 부리기 시작했다. 아이는 쓰레기를 마구 던지고 소리를 질러댔다. 아버지가 타일렀지만, 아이는 조금도 아랑곳하지 않았다. 잠시 뒤에는 아버지의 얼굴을 찰싹찰싹 때리기까지 했다. 그런데도 그 남자는 아이를 혼내지 않고 가만히 내버려 두었을 뿐만 아니라, 심지어 이것저것을 약속하면서 아이의 비위를 맞추려고 애썼다. 비행기가 목적지에 도착할 무렵, 그는 제법 엄한 목소리로 "이제 내릴 때가 되었다"라고 아이를 나무랐지만, 아무 소용이 없었다.

　그가 아버지로서 아들에게 행한 징계는 참으로 무기력하고 실망스러웠다. 나는 아이가 말썽을 피우면서 제멋대로 구는 모습을 지켜보면서, "선생님, 제가 아들을 화장실로 데리고 가서 엉덩이를 좀 때려 주면 안 되겠습니까?"라는 말이 목구멍까지 올라오는 것을 참았다. 나는 속으로 "절대 아이를 다치게 하지는 않을 것입니다. 저는 경험 많은 아버지이니까요. 엉덩이를 때려 주는 것이 오히려 아이에게 유익할 것입니다"라는 말을 연습하기까지 했다. 그러나 실제로 그렇게 말하지는 않았다. 그 사람이 긍정적으로 반응할 것인지 의심스러웠기 때문이다. 물론 그보다 더 중요한 이유는, 그 못된 아이가 단지 잠시 나를 성가시게 하는 존재일 뿐이기 때문이다. 그 아이는 내 아들도 아니고, 내가 책임져야 할 나의 문제도 아니었다. 반면 내가 사랑하고, 내가 하나님 앞에서 책임져야 할 나의 자녀들인 경우에는 죄를 다스리고 올바른 심성을 갖게 만드는 징계를 결코 게을리 해서는 안 된다.

훈계 - 부모의 권위를 행사하라

이 모든 것은 아버지가 아버지다워야 한다는 사실을 전제로 한다. 내 말을 오해하지 말기 바란다. 나에게는 딸 셋과 아들 둘이 있다. 우리는 서로 즐겁게 지낸다. 그러나 나는 그들의 친구가 아니다. 내가 그들과 즐겁게 지낼 수 있는 이유는 그들이 부모의 권위에 기꺼이 복종하기 때문이다.

아버지는 아버지다운 인격과 권위로 자녀들에게 자신의 뜻을 분명하게 알려야 한다. 이런 일은 주로 말을 통해 이루어진다. 아버지가 권위를 갖는 이유는 자녀들보다 몸집이 더 크기 때문이 아니다(자식이 아버지보다 몸집이 더 큰 경우도 있다). 그 권위는 성경이 "자녀들아, 주 안에서 너희 부모에게 순종하라. 이것이 옳으니라"(엡 6:1)라고 명령한 데서 나온다. 기독교인 자녀는 모두 이 말씀을 명심해야 한다. 부모의 권위는 신체의 크기가 아니라 하나님의 명령에서 비롯된다.

사사 시대 말에 이스라엘의 대제사장이었던 엘리의 실패를 기억하라. 엘리에게는 이스라엘을 부끄럽게 만든 두 아들, 홉니와 비느하스가 있었다. 엘리는 자신의 사악한 두 아들이 실로에 있는 성막에서 제사장으로 일하도록 허용했다. 앞에서 말한 대로, 그들은 자신들의 지위를 이용해 사사로이 잇속을 차렸다. 사무엘상 2장 22절은 그들의 부패한 행위를 적나라하게 묘사한다.

"엘리가 매우 늙었더니 그의 아들들이 온 이스라엘에게 행한 모든 일과 회막 문에서 수종드는 여인들과 동침하였음을 듣고."

물론 엘리가 아들들의 악행을 나무라지 않은 것은 아니었다. 그는 아들들에게 "너희가 어찌하여 이런 일을 하느냐. 내가 너희의 악행을 이 모든 백성에게서 듣노라"(삼상 2:23)라고 말했다. 그러나 그들은 아버지의 말을 완전히 무시했다(어떤 아버지도 결코 용납할 수 없는 상황이다).

"그들이 자기 아버지의 말을 듣지 아니하였으니"(삼상 2:25).

엘리가 실패한 것은 아들들이 자기의 말을 무시하고 계속 죄를 짓는데도 그가 아버지의 권위를 행사하지 않았기 때문이다.

엘리가 아버지로서 그처럼 큰 실패를 맛본 이유는 무엇일까? 성경에서는 엘리의 아내에 대해 전혀 언급하지 않는다. 엘리의 아내가 아들들이 어렸을 때 죽었는지도 모른다(출산하다 죽었을 수도 있다). 만일 그렇다면, 엘리는 자식들을 측은히 여기는 마음 때문에 차마 그들을 징계하지 못했을 수도 있다. 물론 이것은 가능성은 있지만 순전히 추측일 뿐이다. 또는 엘리가 이스라엘의 대제사장으로 바쁘게 살면서 자식들에게 소홀하다는 죄책감을 느꼈기 때문일 수도 있다. 이유야 어쨌든 엘리는 책임을 면할 수 없다. 그가 아버지의 권위를 행사하지 않았기 때문에 이스라엘, 특히 그의 가정에 재앙이 닥쳤다.

하나님은 그런 아들들이 성막에서 제사장으로 일하도록 방치한 엘리에게 당연히 분노하실 수밖에 없었다. 하나님은 "너희는 어찌하여 내가 내 처소에서 명령한 내 제물과 예물을 밟으며 네 아들들을 나보다 더 중히 여겨 내 백성 이스라엘이 드리는 가장 좋은 것으로 너희들을 살지게 하느냐"(삼상 2:29)라고 말씀하셨다. 또한 에벤에셀에서 전쟁이 일어났을 때 엘리의 사악한 아들들이 언약궤를 가지고 오는 것을 하나님은 못마땅하게 여기셨다. 그래서 하나님은 블레셋 족속이 이스라엘의 군대를 제압하고 언약궤를 탈취하도록 묵인하셨다(삼상 4:1-11 참고). 엘리가 아들들을 잘 가르쳤더라면, 일이 그 지경까지 이르지는 않았을 것이다.

아버지의 권위는 다양한 방법으로 행사될 수 있다. 때로는 단지 눈길만으로도 자녀를 깨우칠 수 있다. 그러나 앞서 말한 대로, 아버지의 권위를 가장 잘 행사할 수 있는 방법 중 하나는 훈계이다. 우리는 이 방법에 깊은 관심을 기울여야 한다. 훈계의 내용과 방식은 하나님께서 주신 권위를 행사하는 데 매우 중요한 역할을 한다(특히 책망할 때의 방식이 중요하다).

내 경우에는 말로 아버지의 권위를 행사할 때마다 군대에서 기갑 부대 장교로 근무했던 경험이 큰 도움을 준다. 스물한 살 때 전차 소대장이 된 나는 나보다 나이가 훨씬 많은 하사관들을 지휘해야 했기 때문에 권위 있게 명령하는 법을 배워야 했다. 명령하는 것을 크게 소리 지르는 것이나 잔소리를 하는 것과 혼동해서는 안 된다. 아버지로서 자녀들에게 명령할 때는 단호하고도 권위 있는 목소리로 말해야 한다. 굳이 큰 소리를 지를 필요는 없다. 힘이 실린 단호한 말로 반항적인 태도를 단번에 그치게 만들어야 한다. 아버지의 명령에 즉시 복종할 수 있도록 자녀들을 훈련해야 한다. 그런 복종을 이끌어 내려면 때로는 체벌도 필요하다. 아버지의 명령에 복종하도록 훈련된 자녀들은 모든 권위에 복종하기 마련이다. 권위에 복종하는 것은 성공적인 삶을 위한 전제 조건이다. 그러므로 아버지의 역할은 자녀는 물론 사회를 위해서도 매우 중요하다.

이 글을 쓰고 있는 지금 이 순간, 통속 심리학에 물든 일부 독자들은 명령과 복종을 강조하는 내용을 읽으면서 의아해하는 표정을 지을 것이다. 많은 사람들이 권위를 강조하는 것을 남성적인 열등감의 표출로 생각한다. 그러나 성경은 권위가 자녀를 사랑하는 아버지가 나타내야 할 특성이라고 가르친다. 아버지의 훈계를 듣는 자녀들은 행복하고 확신에 차서 살아갈 수 있다. 아버지가 성경의 가르침에 따라 적절히 사랑의 훈계를 베푸는 경우에는 더욱 그러하다. 그런 자녀들은 어리석고 미련한 행동을 제멋대로 일삼지 않는다(잠 22:15 참고). 그런 자녀들은 의지가 잘 훈련된 덕분에 선하고도 완전한 성경의 가르침에 기꺼이 복종한다.

적용을 위한 조언

자녀를 양육할 때 우리가 지켜야 할 점은 무엇일까? 우리의 자녀들을 무엇으로부터 보호해야 할까? 우리는 그들을 내면의 위협(그들 자신의 어리석음과 죄)으로부터 보호해야 한다. 또한 그들을 외부의 위협(점차 위험해지고 있는 문화)으로부터 보호해야 한다.

첫째, 우리는 체벌과 훈계를 통해 자녀들을 내면의 위협으로부터 보호해야 한다. 이 일은 결코 쉽지 않다. 자녀들을 체벌하고 훈계하는 것보다는 차라리 자녀들의 응석을 다 받아 주는, 게으르고 미련한 아버지가 되는 편이 더 쉽다. 어떻게 보면 자녀들의 인권이라는 그럴듯한 명분을 내세워 하나님께서 주신 아버지의 권위를 버리고, 비행기에서 만난 아버지처럼 행동하는 편이 훨씬 더 쉬워 보인다. 그러나 나는 나의 자녀들을 사랑한다. 그래서 나는 성경의 가르침에 따라 아버지의 사랑을 베푸는 방법과 수단을 터득했다. 나는 그런 권위를 행사하는 것을 하나님 앞에서 내가 누리는 가장 큰 영예 가운데 하나로 생각한다.

둘째, 우리는 다양한 상황 속에서 다양한 방법으로 오는 외부의 위협으로부터 자녀들을 보호해야 한다. 아버지는 물리적인 위협은 물론 해롭고도 부도덕한 영향으로부터 자녀들을 보호해야 할 책임을 진다. 예를 들어, 자녀들이 건전하지 못한 비디오 게임이나 인터넷 사이트, 또는 저속한 영화나 텔레비전 프로그램에 접근하도록 허용해서는 안 된다.

이 밖에도 아버지는 해로운 관계로부터 자녀들을 보호해야 한다. 우리 아이들이 학교에 다닐 나이가 되었을 때, 아내와 나는 아이들을 지역 공립학교에 보내려고 했다. 나는 학교를 둘러보면서 일부 선생님들이 기독교인이라는 사실을 알게 되었다. 학교의 분위기는 전반적으로 세속적이었지만, 일부의 기독교인 선생님들 때문에 다소 그런 분위기가 상쇄되고 있는 듯이 보였다. 그러나 밤에 누워 뜬 눈으로 지새며 곰곰이 아이들의 입학 문제를 생각하면서 기도하다 보니 시편 1편 1절이 뇌리에서 떠나지를 않았다.

"복 있는 사람은 악인들의 꾀를 따르지 아니하며 죄인들의 길에 서지 아니하며 오만한 자들의 자리에 앉지 아니하고."

나는 아이들의 아버지로서 할 수만 있다면 그들이 불신자들의 가르침을 받지 않도록 힘써야 했다. 그렇게 생각하니 아이들의 입학 문제가 명료하게 정리되었다. 다른 부모들은 우리와 다른 결정을 내릴지도 모르지만, 우리는 아이들의 마음을 지켜야 할 책임을 저버릴 수 없었다.

이 두 가지, 곧 내면의 위협과 외부의 위협으로부터 자녀들을 보호하는 것은 자녀를 양육하는 아버지로서 붙잡아야 할 가장 기본적인 의무이다. 자녀들을 올바로 훈육하기 위해서는 이 두 가지 책임을 반드시 감당해야 한다.

결론적으로, 자녀 훈육에 관한 실천 방법을 몇 가지 제시하겠다.

가정의 규율 반장이 되라

아버지는 가능한 한 가정의 규율 반장이 되려고 노력해야 한다. 다시 말해, 아버지는 어머니보다 좀 더 엄한 훈련관이 되어야 한다. 어머니들은 대부분 많은 시간을 자녀들과 함께 보낸다. 특히 아이들이 어릴 때는 그들에게 올바른 행동을 가르치기 위해 날마다 끊임없이 잔소리를 해야 한다. 그런데 아버지가 퇴근하고 돌아와 훈련관이 되기는커녕 아이들이 제멋대로 하도록 내버려 둔다면, 어머니는 견디기가 매우 힘들 것이다. 나는 그렇게 하다가 아내로부터 "아이들을 단속하지 않고 뭐해요?"라는 핀잔을 듣고 싶지는 않다. 그보다는 아내가 "이제 살았구나. 남편이 있으니 조금 쉴 수 있겠어"라고 말하는 것이 좋다.

내가 나서서 (엉덩이를 더 세게 때려 주는 등) 체벌하겠다고 으름장을 놓으면, 아내가 아이들을 훈육하는 과정이 틀림없이 조금은 수월해질 것이다. 어머니들은 일이 많아 늘 지쳐 있고, 날마다 어머니와 가까이 지내는 아이들은 어머니의 권위를 우습게 여길 가능성이 높다. 그럴 때 아내가 아이들에게 "그렇게 계속 말썽 부려 봐라. 아버지가 아시면 혼날 게다"라고 말할 수 있다면, 아이들을 키우는 일이 한결 수월해질 것이다. 아이들이 그 말을 듣고서 분노하는 아버지가 아닌 경건한 아버지를 떠올리고 이내 두려워하는 마음으로 행동을 고친다면, 자녀 교육이 잘 이루어지고 있다는 증거이다.

유머 감각을 가지라

유머 감각은 권위를 행사하고 징계할 때 큰 도움이 된다. 분위기가 너무 무거우면, 아버지의 권위가 지나치게 엄하고 냉혹하게 느껴지기 마련이다. 그러나 평소에 대체로 분위기가 즐겁고 가벼우면, 부모의 얼굴이 조금만 굳어져도 아이들은 분위기가 달라진 것을 금방 눈치 챈다. 그리고 부모가 자신들을 사랑하기 때문에 징계한다는 것을 이해할 수 있다.

앞 장에서 말한 대로, 자녀 양육은 자녀들과의 친밀한 관계를 바탕으로 해야 한다. "마음의 즐거움은 양약"(잠 17:22)이라는 말씀이 다른 모든 경우와 마찬가지로 이 경우에도 똑같이 적용된다. 평소에 자녀들에게 자상하면, 권위를 행사할 때 자녀들이 더 잘 순종할 것이다. 우리는 부모로서 자녀들을 가르칠 때 정중하게 말해야 한다. 아이들에게 "부탁한다"라고 하거나 "고맙구나"라고 말해도 부모의 권위는 결코 훼손되지 않는다. 오히려 더 강화된다. 부모가 자녀들을 존중한다면, 자녀들은 부모는 물론 다른 사람들까지 존중할 것이다.

자녀를 노엽게 하지 말라

이 말은 반복해서 강조해야 할 만큼 가치가 있다. 왜냐하면 많은 부모가 흔히 이런 잘못을 저지르기 때문이다. 우리는 부모에게 순종하라는 명령과 나란히 "아비들아, 너희 자녀를 노엽게 하지 말라"(엡 6:4 참고)라는 명령이 주어졌다는 사실을 잊어서는 안 된다. 우리에게 주어진 명령을 무시한 채 자녀들에게 주어진 명령만을 강조하는 것은 옳지 않다.

자녀를 노엽게 하지 않으려면, 자녀들에게 무언가를 요구할 때마다 항상 현명하고 공정해야 한다. 권위를 남용해서는 안 된다(권위의 남용은 권위를 강화하는 것이 아니라 도리어 약화시킨다). 또한 자녀들이 하나님께서 주신 자긍심과 존엄성을 잃어서도 안 된다. 따라서 아버지는 자녀들을 존중하고, 적절히 칭찬해 주어야 한다.

우리가 힘써 지켜야 할 규칙이 있다. 징벌할 때도 항상 자녀들의 편에 서야 한다는 것이다. 자녀들을 적대시하거나 멸시해서는 안 된다. 유감스럽게도 나 자신도 이 규칙을 여러 번 어기고 말았다. 그렇다면 우리가 자녀들에게 죄를 지었을 때는 어떻게 해야 할까? 자녀들에게 잘못을 고백하고 용서를 구해야 한다. 그리고 그들을 은혜와 진리를 함께 나누는 동료 신자로 대해야 한다.

현명하고도 공정한 태도로 자녀들을 대하기 위해서는 합리적인 기대감을 가져야 한다. 열심히 노력하는데도 실패하거나 성장의 제약 때문에 기대치에 미치지 못할 때는 징벌해서는 안 된다. 의도적으로 계속해서 순종하지 않을 경우에만 체벌해야 한다.

나의 막내아들이 2학년 때 있었던 일이다. 아내와 나는 아들이 다니는 기독교 학교의 선생님이 어린아이들의 능력을 뛰어넘는 비현실적인 기대감을 가지고 있다는 것을 알게 되었다. 그 선생님은 아이들이 교실에서 조용히 앉아 있기를 바랐다. 나의 아들은 생각이나 동작이 조금 굼뜬 기질을 타고났다. 우리는 아들의 그런 기질 때문에 때로 조금 힘들었지만, 그렇다고 그것을 큰 결함으로 생각하지는 않았다.

아들은 학교에서 첫 주를 보내면서 일곱 살 어린 소년의 특성을 드러냈다는 이유로 꾸중을 들었다. 그 선생님은 나에게 전화를 걸어 아들의 버릇을 바로잡아야 한다고 충고했다. 나는 그녀에게 아들이 무슨 말에 복종하지 않았느냐고 물었다. 그녀는 아들의 태도에 대해 설명했고, 우리는 그 문제로 서로 대화를 나누었다. 결국 그녀는 아들이 말을 듣지 않은 것이 고의적으로 반항하는 것이 아님을 인정해야 했다. 나는 그녀에게 정중하게 아들을 벌할 수 없다고 말했다. 선생님이 에베소서 6장 4절의 명령을 지키지 못한 데 문제가 있다고 판단했기 때문이다(이런 경우 선생님은 부모의 권위를 위임받아 일시적으로 부모의 역할을 하는 것이기 때문에 부모에게 주어진 성경의 명령을 따라야 한다).

그 주 주말에 겁에 질린 아들과 함께 앉아 있었던 기억이 지금도 생생하다. 일주일 내내 학교에서 꾸중을 들은 데다 아버지에게까지 혼나야 한다고 생각하니 더럭 겁이 났던 모양이다. 그러나 나는 아들에게 벌받을 행동을 하지 않았다고 말해 주었다. 그리고 항상 선생님을 존중하면서 온 힘을 다해 노력하라고 당부하고, 선생님의 지시에 복종할 수 있도록 도와달라고 하나님께 함께 기도했다. 나는 당시 아들이 많은 것을 깨달았을 것이라고 확신한다. 아마도 아들은 아버지가 정직하고도 공정하게 처신하려고 애쓰고 있으며, 자신의 부모가 자기편이라는 사실을 이해했을 것이다.

선생님이 여러 가지 이유로 아들을 따뜻하게 대하지 않았기 때문에 분명 아들에게는 그해가 참으로 힘들었을 것이다. 그러나 일 년 내내 아들과 함께 기도하면서 온 힘을 다해 복종하라고 격려한 덕분에 부모와 자식의 관계는 더욱 돈독해졌다. 나는 그런 경험을 통해 아버지의 권위를 행사할 때는 자녀에 대해 적절한 기준과 기대치를 가져야 하며, 가능한 한 자녀들을 공정하게 대해야 한다는 교훈을 깨달았다.

기도하라

자녀 양육을 위한 노력에 기도가 뒤따르지 않는다면, 진정한 자녀 양육이 이루어졌다고 할 수 없다. 다윗 왕의 경우를 생각해 보라. 그는 진정한 영적 거장이었지만, 아들들에 대한 훈계를 게을리 한 탓에 큰 고통을 겪어야 했다. 아버지가 저지른 죄와 실패가 어떤 결과를 가져오는지를 생각하면, 나는 몹시 두렵다. 그러나 베드로전서 5장 6,7절에서 위로를 발견한다.

"그러므로 하나님의 능하신 손 아래에서 겸손하라. 때가 되면 너희를 높이시리라. 너희 염려를 다 주께 맡기라. 이는 그가 너희를 돌보심이라."

하나님은 (남편이 아내를 돌보듯이) 아버지를 돌보신다. 이 사실을 기억하면 참으로 놀라운 변화를 경험할 수 있다. 부모는 자녀들에 대한 모든 염려를 우리를 돌보시는 하나님의 손에 맡기고 기도해야 한다. 우리는 언약에 충실한 하나님께서 우리의 자녀들을 사랑하신다는 사실을 기억해야 한다. 하나님께서 아브라함에게 하신 약속은 우리에게도 똑같이 적용된다.

"내가 내 언약을 나와 너 및 네 대대 후손 사이에 세워서 영원한 언약을 삼고 너와 네 후손의 하나님이 되리라"(창 17:7).

우리는 이 희망의 약속 안에서 자녀들에게 사랑의 징계를 베풀어야 한다. 하늘 아버지께서 '우리의 유익을 위하여 그의 거룩하심에 참여하게 하시는'(히 12:10 참고) 것처럼, 우리도 자녀들에게 그런 사랑을 베풀어야 한다.

묵상과 나눔을 위한 질문

1. 경건한 자녀를 키우는 일에 실패한 구약 시대의 성도들을 생각해 보라. 이 문제에 대해 어떻게 생각하는가? 어떤 요인이 그런 실패를 부추겼다고 생각하는가?

2. 부모의 권위라는 개념에 관해 어떻게 생각하는가? 아버지는 규칙 엄수를 요구하는 권위자가 되어야 한다는 말에 동의하는가?

3. 성경은 자녀들을 징계하는 방법에 관해 뭐라고 가르치는가? 해야 할 일과 해서는 안 될 일을 알고 있는가? 그런 징계 방식에 대해 세속 사회의 반대가 거세지는 이유는 무엇인가?

4. 아버지가 권위를 행사하면서도 자녀들을 정중하고 자상하고 명랑한 태도로 대하는 것은 왜 중요한가? 아버지가 자녀를 징계할 때 때로 분노를 억제하지 못하는 이유는 무엇이며, 분노를 억제하는 것이 중요한 이유는 무엇인가? 분노를 억제하려면 어떻게 해야 하겠는가?

Chapter 11

남자의 우정

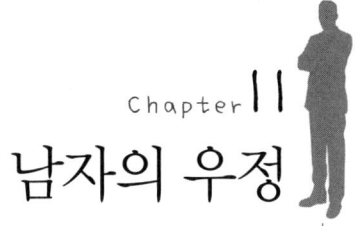

　　워싱턴에는 동상이 두 개 있다. 두 개의 동상들은 모두 사연이 깊다. 하나는 '리플렉팅 풀(Reflecting Pool, 워싱턴의 링컨 기념관 앞에 있는 직사각형의 투영 연못)'의 동쪽 끝에 있는 율리시스 그랜트(Ulysses S. Grant, 미국의 제18대 대통령이자 장군) 장군의 거대한 동상이다. 오전에는 미국 국회의사당 건물의 그림자가 그곳까지 드리운다. 군마를 탄 전설적인 장군의 위풍당당한 모습을 형상화한 동상은 방문객들의 시선을 사로잡는다. 그랜트 장군의 탁월한 지도력은 북군이 남북전쟁에서 승리를 거두는 데 결정적인 역할을 했다. 그는 의지의 화신, 곧 다른 사람들이 모두 뒷걸음칠 때도 폭풍우에 당당히 맞선 강인한 남자의 표상으로 간주된다. 그를 존경하고 그에게 감사하는 사람들이 그의 탁월한 공적을 기리기 위해 거대한 동상을 세웠다.

그곳에서 약 4km 떨어진 곳에 가면, 분위기는 상쾌하지만 별다른 특징은 없는 작은 공원이 하나 있다. 그곳에 또 하나의 동상이 있다. 그것은 남북전쟁의 영웅이지만 그랜트에 비해 이름이 덜 알려진 존 롤린스(John Rawlins) 소령의 동상이다. 사실 그의 동상은 지금까지 모두 여덟 군데에 세워졌지만, 방문객들의 시선을 끌지는 못한다. 롤린스는 그랜트가 전쟁이 발발하기 전에 살았던 일리노이 주 걸리나(Galena)에서 변호사로 일하다가 그랜트의 참모장이 되었다. 롤린스는 그랜트의 성격적 결함을 잘 알고 있었다. 그랜트는 특히 술에 약했다. 전쟁이 시작되자, 롤린스는 그랜트에게 술에 취하지 않겠다는 서약을 받아 냈다. 그러고는 그랜트가 서약을 어기고 술을 마시려고 할 때마다 간곡한 말로 타일러 다시 정신을 차리게 만들었다. 위대한 장군이었던 그랜트는 언뜻 외로워 보였지만, 그의 곁에는 항상 롤린스가 있었다. 영광스럽게 말을 타고 있는 그랜트의 동상에 비하면 롤린스의 동상은 매우 초라하다. 그러나 롤린스가 각별한 사랑과 도움을 베풀지 않았다면, 그랜트는 말안장 위에 앉지도 못했을 것이다.

국회의사당 서점에서 파는 우편엽서에는 그랜트의 동상이 그려져 있다. 반면 롤린스에게 관심을 갖는 사람은 아무도 없다. 오늘날의 세계는 놀라운 업적을 이룬 개인의 능력과 영광만을 칭찬하기를 좋아한다. 그러나 성경의 관점은 다르다. 전도서에서는 이렇게 말한다.

"두 사람이 한 사람보다 나음은 그들이 수고함으로 좋은 상을 얻을 것임이라. 혹시 그들이 넘어지면 하나가 그 동무를 붙들어 일으키려니와 홀로 있어 넘어지고 붙들어 일으킬 자가 없는 자에게는 화가 있으리라"(전 4:9,10).

요나단의 진정한 우정

일하고 지키라는 남자의 소명과 남성성에 관해 논하면서 결혼과 부성애에 초점을 맞춘 것은 다 그만한 이유가 있다. 결혼과 부성애는 남자의 삶에서 가장 큰 비중을 차지한다. 그러나 그것이 전부는 아니다. 경건한 남자의 또 다른 특징으로 다른 남자, 특히 동료 기독교인과의 우정을 꼽을 수 있다. 성경은 참된 친구를 높이 칭송한다. 우리 역시 동료와 경건한 우정을 나누는 것을 인생의 가장 큰 복 가운데 하나로 여긴다.

그랜트와 롤린스의 우정이 미국이 자랑할 만한 우정이라면, 성경에서 가장 위대한 우정은 형제의 사랑을 나누었던 요나단과 다윗의 우정일 것이다. 두 사람은 일찍부터 서로를 알았다. 그들은 다윗이 블레셋의 거인 골리앗을 물리치고 승리를 거둔 직후에 처음 만났다.

사무엘상 17장을 읽어 보라. 이스라엘 군대가 모두 골리앗 앞에서 겁에 질려 떨고 있을 때, 한갓 목동에 불과한 소년이 하나님을 믿는 믿음과 물매와 돌 하나로 그 거인을 쓰러뜨려 이스라엘에게 승리를 안겨 주었다. 당시 요나단은 이스라엘의 왕인 사울의 아들이자 후계자였고, 여러 전투에서 맹활약한 영웅이었다. 사실 다윗이 등장하기 전까지 요나단은 이스라엘 군대가 칭찬해 마지 않는 용사였다. 인간의 본성을 생각하면, 요나단은 갑자기 등장한 다윗을 건방지게 여기고 분노해야 마땅했다. 그러나 그는 그렇게 하지 않았다. 오히려 그는 남자로서 가장 아름다운 우정을 그에게 베풀었다. 사무엘상 18장 1절은 "요나단의 마음이 다윗의 마음과 하나가 되어 요나단이 그를 자기 생명같이 사랑하니라"라고 말한다. 하나님께서 다윗을 자신의 마음에 맞는 사람으로 여기셨듯이, 요나단도 다윗을 그렇게 여겼다(삼상 13:14 참고).

내가 아들 하나를 요나단이라고 이름 지은 것은 결코 우연이 아니다. 요나단은 구약 시대의 인물 중 죄를 지었다는 기록이 없는 몇 안 되는 사람 가운데 하나이다. 요나단에 관한 기록을 샅샅이 살펴봐도 하나님을 믿는 믿음과 그분의 백성을 사랑하는 마음 외에는 아무것도 발견할 수 없다. 물론 요나단이 완벽한 사람이었다는 말은 결코 아니다. 그는 성경에서 비교적 비중이 크지 않은 인물이었기 때문에 그에 관한 기록이 많지 않다. 그러나 가장 훌륭한 친구로 여겨지는 그가 살아 있는 믿음과 순결한 마음을 지녔다는 사실은 매우 의미심장하다.

세상의 관점으로 생각하면, 요나단은 다윗을 중오해야 했다. 요나단은 왕자로서 아버지로부터 왕위를 물려받을 신분이었다. 따라서 다윗은 그의 가문을 위협하는 존재였다. 그러나 다윗이 골리앗을 물리치자, 요나단은 하나님께서 아버지인 사울과 자신의 가문을 대신해 그를 왕으로 정하셨다는 것을 이해한 것 같다. 요나단은 새롭게 등장한 다윗에게 자기가 입었던 왕자의 겉옷과 군복과 칼과 활과 띠를 벗어 줌으로써 이스라엘 군대가 보는 앞에서 그를 극진히 존중했다(삼상 18:4 참고).

요나단이 왜 그렇게 행동했을까? 그가 다윗을 자기 생명같이 사랑했기 때문이다(삼상 18:3 참고). 그는 하나님을 사랑할 뿐만 아니라 다윗의 마음속에서 믿음이 활활 불타오르고 있는 것을 알았다.

나중에 다윗의 인기가 높아지자 사울 왕은 정신병을 앓을 만큼 그를 증오했다. 그러나 요나단은 아버지의 의심을 살 것을 뻔히 알면서도 다윗의 생명을 구하려고 노력했다. 다윗의 주위에는 그를 따르는 사람들이 모여들기 시작했고, 사울을 피해 도망쳐야 했다. 사울은 수년 동안 다윗을 추격했고, 다윗의 믿음과 의지는 점점 약해졌다. 다윗을 왕으로 세우시겠다는 하나님의 약속이 그를 지탱해 주었지만, 망명 생활과 모진 핍박으로 인해 그의 몸과 마음은 나날이 지쳐 갔다. 그런데 다윗이 절망 속에서 모든 것을 포기하려고 할 즈음, 다시 요나단이 관여해 그에게 참된 우정을 베풀었다.

다윗을 찾아온 요나단

다윗은 사울을 피해 유대 중앙에 있는 아둘람 굴에 몸을 숨겼다(삼상 22:1 참고). 그러다가 그는 블레셋 족속에게 괴롭힘을 당하는 인근 마을의 주민들을 구하기 위해 동굴에서 나왔다. 그 때문에 사울은 다윗의 움직임을 알아챘고, 다윗 일행이 아둘람으로 무사히 돌아가기 전에 그들을 붙잡으려고 서둘러 그들을 추격했다. 결국 다윗 일행은 자기들보다 월등한 사울 왕의 군대에게 심하게 쫓겨 광야 남쪽 지역의 깊숙한 곳까지 도망쳐야 했다(삼상 23:1-26 참고).

사무엘상 23장 14절은 다윗의 절박한 상황을 이렇게 설명한다. "다윗이 광야의 요새에도 있었고 또 십 광야 산골에도 머물렀으므로 사울이 매일 찾되 하나님이 그를 그의 손에 넘기지 아니하시니라."

다윗이 사울을 피해 망명 생활을 한 지 이미 수년이 지났다. 그의 몸과 마음이 매우 지쳤을 것이고, 하나님의 구원 약속을 붙잡는 믿음도 매우 약해졌을 것이 틀림없다. 그가 "나의 영혼도 매우 떨리나이다. 여호와여, 어느 때까지니이까"(시 6:3)라고 부르짖은 것은 지극히 당연한 일이었다.

바로 그때 요나단이 다윗을 찾아왔다. 그는 사울의 군대를 지휘했던 것으로 보인다. 그런데 다윗의 상황이 점점 어려워지는 것을 알고는 요나단은 진정 어린 행동으로 참된 우정을 보여 주었다. 성경은 그의 행동을 짧지만 의미심장하게 묘사한다.

"사울의 아들 요나단이 일어나 수풀에 들어가서 다윗에게 이르러 그에게 하나님을 힘 있게 의지하게 하였는데"(삼상 23:16).

이 짧은 말씀에는 참으로 많은 의미가 담겨 있다.

먼저 행동을 취하다

요나단이 먼저 행동을 취해 다윗에게로 갔다. 그것은 희생적인 행동이었다. 아버지의 편에 서서 다윗을 추격하는 군대와 함께 머물렀다면 안전을 보장받을 수 있었을 테지만, 요나단은 다윗이 겪는 위험에 기꺼이 동참했다. 그는 왕궁의 편안함을 버리고, 광야에서 험한 생활을 하고 있는 친구에게로 갔다. 이것이 참된 우정의 요건이다. 친구를 위해 시간과 노력을 바치지 않고 시련에 동참하지 않는 사람은 참된 친구라고 불릴 자격이 없다.

이해하려고 노력하다

요나단은 친구의 사정을 헤아릴 줄 알았다. 아마도 다른 사람의 사정을 진정으로 이해하면 기꺼이 희생을 감수할 사람들이 많을 것이다. 그러기 위해서는 요나단을 본받아야 한다. 요나단은 다윗의 입장에서 생각했다. 그는 자신의 시련이나 다윗의 친구가 되는 것 때문에 겪게 될 어려운 상황이나 그로 인해 위태로워질 수도 있는 자신의 미래를 생각하지 않았다. 오히려 그는 자신의 문제를 모두 하나님께 맡기고, 오로지 친구인 다윗의 처지에만 관심을 기울였다. "아무 일에든지 다툼이나 허영으로 하지 말고 오직 겸손한 마음으로 각각 자기보다 남을 낫게 여기고, 각각 자기 일을 돌볼뿐더러 또한 각각 다른 사람들의 일을 돌보아 나의 기쁨을 충만하게 하라"(빌 2:3,4)라는 바울의 말에도 그런 의미가 담겨 있다.

다윗의 어려운 상황을 생각해 보라. 그는 광야를 떠도는 소수의 고달픈 난민을 이끄는 지도자였다. 다윗은 지도자에게만 뒤따르는 희생을 감수해야 했다. 그는 동료 지도자나 협력자 없이 홀로 자신을 따르는 사람들과 그들의 필요를 고민해야 했다. 다윗은 다른 사람들을 도울 수 있었지만, 그가 연약할 때 그를 붙잡아 줄 사람은 아무도 없었다.

중환자를 돌보는 헌신적인 의사나 간호사를 생각해 보라. 그들은 환자를 보살피지만, 그들을 돌봐 줄 사람은 없다. 또 어린 자녀를 돌보는 어머니나 양 떼의 안위를 걱정하는 목자를 생각해 보라. 누가 곁에서 그들을 이해하려고 애쓰며, 그런 이해를 바탕으로 도움을 베풀 것인가?

그러나 요나단은 어려운 친구를 돕는 것이 얼마나 큰 복인지를 잘 알고 있었다. 성경은 하나님께서 다윗을 사울의 손에 넘겨 주려 하시지 않았다고 말한다. 그러나 다윗이 그 사실을 줄곧 확신했을까? 시련의 때에는 그런 확신을 굳게 붙잡기가 어렵지 않았을까? 그는 황량한 광야에서 왕의 군대에게 추격을 당했다. 그러나 다윗은 하나님의 신실하심을 보여 주는 여러 가지 징후를 의식하며, 어렵사리 용기를 내 믿음으로 시련을 극복하려고 애썼다. 그리고 하나님은 진정한 친구를 통해 그의 용기를 북돋아 주셨다.

다윗이 어려울 때 요나단이 그를 찾아왔다. 어려운 친구나 형제를 돕지 않는 우정은 아무 가치가 없다. 성경은 "친구는 사랑이 끊어지지 아니하고, 형제는 위급한 때를 위하여 났느니라"(잠 17:17)라고 가르친다.

도움의 손길을 베풀다

다윗은 그렇게 어렵고 힘든 곳에서, 그렇게 힘든 시간에 충실한 친구인 요나단의 얼굴을 보는 것만으로도 큰 위로를 느꼈을 것이 분명하다. 그러나 요나단은 단지 얼굴만 보여 주려고 그를 찾아온 것이 아니었다.

그는 다윗에게 가장 필요한 것을 채워 주었다.

"요나단이 일어나 수풀에 들어가서 다윗에게 이르러 그에게 하나님을 힘 있게 의지하게 하였는데"(삼상 23:16).

다윗은 두려워하고 있었으며 하나님을 믿는 믿음마저 약해져 있었다. 바로 그때 요나단은 하나님을 믿는 믿음과 희망의 끈을 굳게 붙잡으라고 다윗을 독려했다.

어려움에 처한 친구를 어떻게 도와야 할지 궁금한가? 친구를 찾아가 손을 꼭 잡아 주면 된다. 아울러 손만 잡지 말고 그로 하나님의 약속을 굳게 붙잡게 만든다면, 그것이 가장 큰 도움일 것이다. 요나단은 다윗에게 그렇게 했다.

"요나단이 그에게 이르기를 두려워하지 말라. 내 아버지 사울의 손이 네게 미치지 못할 것이요 너는 이스라엘 왕이 되고 나는 네 다음이 될 것을 내 아버지 사울도 안다 하니라"(삼상 23:17).

요나단이 그렇게 말할 때, 사울 왕의 군대는 서서히 다윗의 숨통을 조여 오고 있었다. 요나단은 그런 상황에서 무슨 근거로 그렇게 말했을까? 요나단은 하나님께서 다윗에게 하신 약속을 기억했다. 그리고 그 약속이 반드시 이루어지리라고 확신했다. 다윗을 격려한 요나단의 말을 다르게 하면, "다윗! 하나님을 믿는 믿음을 포기하지 말게. 자네를 왕으로 세우실 것이라는 하나님의 약속을 기억하게. 자네가 의심할까 봐 말하는데, 내 아버지 사울조차도 이 일이 어떻게 끝날지를 알고 있다네. 그러니 다윗, 사울 왕을 두려워하지 말고 주님을 의지하게"라고 할 수 있다.

참으로 시의 적절한 충고가 아닐 수 없다. 세상에는 요나단과 같은 사람이 그리 많지 않다. 그는 영웅 중의 영웅이다. 그는 하나님의 마음에 맞는 참으로 보배로운 사람이다.

엘리사 선지자도 적의 군대에 포위당했을 때, 두려워하는 사환에게 그런 식으로 용기를 북돋아 주었다. 그는 "두려워하지 말라. 우리와 함께한 자가 그들과 함께한 자보다 많으니라"(왕하 6:16)라고 말했다. 사환이 의심하자 엘리사는 "여호와여 원하건대 그의 눈을 열어서 보게 하옵소서"(왕하 6:17)라고 기도했다. 엘리사의 기도는 절박한 상황에 꼭 필요한 기도가 아닐 수 없다.

디트리히 본훼퍼(Dietrich Bonhoeffer)는 어려운 상황에서 경건한 우정이 얼마나 가치 있는지를 잘 알고 있었다. 히틀러를 공공연히 반대한 젊은 학자 본훼퍼는 독일을 떠나 망명하라는 권유를 받았고, 나치가 지배하기 시작한 초기에 영국으로 건너가 안전하게 살았다. 그러던 중 그는 친구들과 교인들의 곁에서 그들의 믿음을 북돋아 주어야 할 필요성을 의식했다. 그래서 그는 다시 나치 치하의 독일로 돌아와 은밀히 신학교를 운영하였으며, 어려운 상황에서 사역을 준비하는 충실한 기독교인들과 함께 살았다. 결국 그는 히틀러에게 저항하다가 체포되어 처형되었다. 그는 기독교 비밀 공동체에서 겪은 일을 적은 『성도의 공동생활』(*Life Together*)이라는 책에서 이렇게 말했다.

"기독교인에게는 하나님의 말씀을 자기에게 전해 줄 또 다른 기독교인이 필요하다. 확신을 잃고 실망할 때마다 그런 기독교인 친구가 꼭 필요하다……기독교인은 거룩한 구원의 말씀을 전하고 나르는 동료 형제가 필요하다……그것이 모든 기독교 공동체가 지향하는 목적이다. 기독교인은 구원의 메시지를 전하는 사람들로서 서로의 필요를 충족시킨다."[1]

믿음을 독려하다

다윗을 향한 요나단의 우정은, 경건한 친구는 무엇보다 그리스도 안에서 형제들의 믿음을 독려하고, 그들의 혼란스런 마음을 굳게 붙잡아 주며, 그들을 불신앙과 두려움에서 보호하는 역할을 한다는 것을 깨우쳐 준다. '일하고 지키라'는 창세기 2장 15절의 명령은 남자들의 우정이라는 중요한 삶의 영역에도 똑같이 적용된다. 우리는 다른 사람들의 친구가 되어 하나님 안에서 그들의 손을 강하게 해야 한다. 그들의 흔들리는 믿음을 굳게 붙잡아 주고, 하나님의 확실한 약속을 의지할 수 있도록 이끌어야 한다.

요나단의 개입은 하나님의 사람 다윗의 처지를 바꾸어 놓는 전환점이 되었다. 당시는 다윗에게 참으로 어려운 시기였다. 다윗은 이미 쓰디쓴 배신을 맛보았을 뿐 아니라, 그 후에도 그런 일을 거듭 겪어야 했

---

1) Dietrich Bonhoeffer, *Life Together*(San Francisco: Harper&Row, 1954), 23.

다. 다윗은 자기 사람들을 이끌고는 블레셋 족속에게 괴롭힘 당하던 그일라 사람들을 구해 주었다(삼상 23:1-5 참고). 그러나 그들은 다윗이 있는 곳을 사울 왕에게 밀고하는 것으로 보답했다(삼상 23:12-14 참고). 다윗이 십 광야에서 숨어 지낼 때에도 십 사람들은 적극적으로 그를 사울 왕에게 넘겨주려고 했다(삼상 23:19 참고). 그러나 그런 암흑과 같은 상황 가운데 한 줄기 빛이 비쳤다. 그것이 바로 하나님 안에서 다윗의 손을 강하게 했던 요나단의 영적 도움이었다. 다윗은 친구가 베푼 사랑 덕분에 주님 안에 소망을 두고 용기 있게 삶을 헤쳐 나갈 수 있었다. "형제의 도움은 견고한 성과 같다"(잠 18:19 참고 - NIV 역)라는 말씀은 진리이다. 요나단의 충실한 우정은 의기소침한 다윗의 마음을 크게 북돋아 주었다.

요나단을 만나고 나서 마음을 추스른 다윗은 시편 57편 1절을 고백했다.

"하나님이여, 내게 은혜를 베푸소서. 내게 은혜를 베푸소서. 내 영혼이 주께로 피하되 주의 날개 그늘 아래에서 이 재앙들이 지나기까지 피하리이다."

요나단은 아둘람 굴이나 십 광야가 아니라 반석이신 하나님 안에서 도우심을 구해야 한다는 사실을 상기시키며 다윗을 격려했다. 그 덕분에 다윗은 안전한 요새이신 하나님 안에서 기뻐하면서, "하나님이여, 내 마음이 확정되었고 내 마음이 확정되었사오니"(시 57:7)라고 노래할 수 있었다.

하나님은 다윗에게 구원을 베푸셨다. 십 사람들이 다윗이 있는 곳을 사울 왕에게 밀고하여 그가 사울의 군대에 붙잡힐 위기에 처했다. 그런데 그 순간 블레셋 족속이 갑작스레 이스라엘을 공격해 왔다는 전갈이 사울 왕에게 전해졌다.

"사울과 그의 사람들이 다윗과 그의 사람들을 에워싸고 잡으려 함이었더라. 전령이 사울에게 와서 이르되, 급히 오소서. 블레셋 사람들이 땅을 침노하나이다. 이에 사울이 다윗 뒤쫓기를 그치고 돌아와 블레셋 사람들을 치러 갔으므로"(삼상 23:26-28).

요나단은 하나님을 사랑했기 때문에 다윗을 자기 목숨처럼 사랑할 수 있었다. 그의 충실한 우정이 없었다면, 아마도 다윗은 모든 희망을 포기하고 말았을 것이다. 그러나 요나단은 다윗에게 찾아가 그의 사정을 헤아려 주었다. 그리고 "하나님을 힘 있게 의지하라"라고 말함으로써 다윗의 믿음을 강하게 했다. 요나단의 도움으로 다윗은 더 이상 불신앙 때문에 흔들리지 않고 하나님의 확실한 진리를 굳게 붙잡을 수 있었다.

가장 친한 친구는 항상 마음으로 주님을 굳게 의지하게 해야 한다. 우리는 그리스도 안에서 사귄 참된 친구를 소중히 여겨야 한다. 또한 우리 스스로 그런 친구가 되려고 노력해야 한다. 주님을 섬기고 세상에서 그분의 영광을 드러내며 남자의 소명을 이룰 수 있는 가장 좋은 방법 중 하나는, 어려운 친구를 동정하고, 그들을 위해 시간을 할애하며, 그가 주님을 굳게 붙잡도록 진리와 은혜의 말로 그를 격려하는 것이다.

그렇게 하면 우리 자신도 예수 그리스도의 형상을 더욱 닮아 가게 될 것이다.

성경은 "어떤 친구는 형제보다 친밀하니라"(잠 18:24)라고 말한다. 그런 친구의 가장 큰 본보기가 바로 우리를 죄에서 구원하기 위해 목숨을 내주신 하나님의 아들이시다. 예수님은 요나단처럼 안전한 곳을 버리고 온갖 시련과 위험이 도사리는 세상에 오셨다. 예수님은 요나단처럼 부와 안락함을 버리고 가난하게 되셨다. 예수님은 하나님 안에서 우리의 손을 강하게 하실 뿐만 아니라, 자신의 보혈로 하나님과 우리가 구원의 관계를 맺을 수 있게 하신다. 그분은 우리에게 "내가 결코 너희를 버리지 아니하고 너희를 떠나지 아니하리라"(히 13:5)라고 말씀하신다.

예수님을 잘 섬기고 싶다면, 친구 곁에서 믿음을 굳게 하라고 조언하고, 그리스도의 이름으로 그의 시련과 슬픔에 동참하라. 예수 그리스도는 "사람이 친구를 위하여 자기 목숨을 버리면 이보다 더 큰 사랑이 없나니"(요 15:13)라고 말씀하셨다. 그리스도 안에서 우리의 형제들에게 참된 친구가 되어 준다면, 영광스런 그리스도께서 자기를 가리켜 하신 이 말씀이 우리에게도 똑같이 적용될 것이다.

묵상과 나눔을 위한 질문

1. 친구들과의 우정이 당신의 삶에서 중요한 역할을 하는가? 만일 그렇다면 어떻게 그런가? 또 그렇지 않다면 그 이유는 무엇인가?

2. 요나단은 자신의 희생을 무릅쓰고 다윗을 찾아갔다. 그런 행동이 왜 중요한가? 기독교인 남성들이 친구의 삶에 관여하는 것을 방해하는 요인은 무엇인가? 어떻게 하면 당신도 친구들의 삶에 좀 더 깊이 들어가고, 그들도 당신의 삶에 좀 더 깊이 들어오게 만들 수 있을까?

3. 신앙 문제로 고민하는 친구를 도와준 적이 있는가? 또 자신이 직접 그런 도움을 받아 본 적이 있는가? 그런 친구를 도울 때 무엇이 가장 효과적이었는가? 요나단이 다윗으로 하여금 '하나님을 힘 있게 의지하게 하였다'(삼상 23:16 참고)는 말은 무슨 의미인가? 그런 일이 어려운 친구를 돕는 데 반드시 필요한 이유는 무엇인가?

4. 요나단은 친구의 상황을 늘 염두에 두고서 그의 필요에 민감하게 반응했기 때문에 다윗을 효과적으로 섬길 수 있었다. 친구를 위해 그의 필요에 좀 더 민감하게 기도하려면 어떻게 해야 할까?

Chapter 12

교회와 남자의 소명

느헤미야가 예루살렘 성벽을 재건하는 공사를 감독하기 위해 예루살렘에 도착했을 때, 그곳은 희망이라곤 조금도 찾아볼 수 없는 상태였다. 설상가상으로 도시 밖에는 원수들이 이스라엘 백성의 성벽 재건 공사를 방해하고 저지할 기회를 호시탐탐 노리고 있었다. 느헤미야는 그런 두 가지 어려움에 대처하기 위해 사람들을 둘로 나눠 공사를 이끌었다. 그는 자신이 기록한 느헤미야서에서 "그때로부터 내 수하 사람들의 절반은 일하고, 절반은 갑옷을 입고 창과 방패와 활을 가졌고"(느 4:16)라고 말한다.

이 말씀에서 무엇을 알 수 있는가? 여기에서도 창세기 2장 15절의 원리가 분명하게 드러난다. 느헤미야의 사람들은 한편으로는 성벽을 계속 재건하고, 다른 한편으로는 이미 완성된 성벽을 지키고 보호하는 일을 했다. 공동체의 차원에서 남자의 소명에 충실했던 느헤미야는 오늘날까지 전해 오는 좋은 선례를 세웠다.

남자들은 교회 안에서 하나님을 섬기며 일하고 지키는 소명을 이루어야 한다. 기독교인 남성은 한 손에는 삽을, 다른 한 손에는 진리의 검을 들고서 열심히 일해야 한다(여기에서 '삽'이란 에덴동산의 아담과 느헤미야의 벽돌공처럼, 각종 직업에 종사하는 사람들이 일할 때 사용하는 수단을 상징한다). 그리스도의 교회는 종이자 일꾼이요 보호자인 남자들의 사역을 통해 강하고 안전하게 성장해 온 세상에 복음을 전하는 사명을 감당해야 한다.

남자에게만 주어진 교회의 영적 권위

신약성경에 따르면, 교회의 지도력은 남자에게만 주어진다. 이 점을 처음부터 확실하게 해 둘 필요가 있다. 물론 여자들도 교회에서 지도적인 역할을 할 수 있고, 또 그렇게 해야 마땅하다. 왜냐하면 교회에는 남성들의 강한 특성만이 아니라 여성들의 부드러운 특성도 함께 필요하기 때문이다. 그러나 가르치고 다스리는 권위는 남자들에게만 주어진다. 성경의 진리와 권위를 받아들여 신약성경에 기록된 말씀을 글자 그대로 받아들인다면, 자연스럽게 그런 결론에 도달할 수 있다.

교회 안에서 영적 권위를 지니는 직분은 장로와 집사이다. 장로는 교회의 모든 일을 감독하고, 특히 교회의 영적 건강을 돌본다. 집사는 교회의 물질적인 부분을 보살피고, 선을 행하는 사역을 이끈다(행 6:1-6 참고). 바울은 디모데전서 3장 1-13절에서 장로와 집사의 자격 조건을 제시하면서 성별을 구체적으로 진술함으로써 하나님께서 그런 직임을 남자에게만 허락하셨다는 것을 분명히 밝힌다.[1]

바울은 고린도전서 11장 3-9절에서도 남성 지도력의 일반 원리를 제시한다.

"나는 너희가 알기를 원하노니 각 남자의 머리는 그리스도요 여자의 머리는 남자요 그리스도의 머리는 하나님이시라……남자가 여자에게서 난 것이 아니요 여자가 남자에게서 났으며, 또 남자가 여자를 위하여 지음을 받지 아니하고 여자가 남자를 위하여 지음을 받은 것이니"(3,8,9절).

이런 원리는 교회에서 권위를 행사하고 가르치는 일에 구체적으로 적용된다. 바울은 디모데에게 "여자가 가르치는 것과 남자를 주관하는 것을 허락하지 아니하노니 오직 조용할지니라"(딤전 2:12)라고 말했다. 바울은 하나님의 창조 질서와 타락의 결과를 근거로 그렇게 가르쳤다(딤전 2:13,14 참고). 또한 예수님도 남자들만을 사도로 부르셨고, 초기 교회도 남자들만을 최초의 집사로 임명함으로써 확고한 선례를 세웠다.

---

1) 어떤 학자들은 여자들에게 더러 '종(servant)'이라는 용어가 적용된 신약성경의 사례를 근거로 들어 여자들도 집사의 직분을 맡았을 것이라고 주장한다. 그들은 '종'이 안수를 받지 않은 종과 안수를 받은 집사 모두를 가리킨다고 설명한다. 그러나 이 견해에는 문제가 있다. 왜냐하면 바울이 남자에게만 적용되는 자격을 언급하고(그는 '한 아내의 남편'[딤전 3:2,12]이라는 표현을 사용해 집사와 장로의 자격을 설명하며), 심지어 황제와 같은 불신자들에게까지 종이라는 말을 적용하고 있기 때문이다(롬 13:4 참고). 이렇듯 신약성경이 가르치는 직분자의 자격을 올바로 이해한다면, 일반적인 의미로 쓰인 '종'은 여자와 불신자를 비롯해 누구에게나 적용될 수 있지만, 직분을 가리키는 의미로 쓰인 '종'은 특별히 남자에게만 국한된다는 것을 알 수 있다.

물론 신약성경은 여자들에게 자녀들과 다른 여자들을 가르치라고 독려한다. 그러나 교회 안에서 영적 권위를 행사하는 일과 가르치는 사역에 관한 성경의 근본 원리는 매우 확실하고 분명하다. 그런 역할은 오직 기독교인 남성에게만 주어졌다. 따라서 남자들은 그런 역할을 기쁘게 감당하고, 부지런히 행해야 한다. 그렇지 않으면 교회가 여성화되어 풍성한 열매를 맺지 못하는 상태로 전락할 수 있다. 교회가 그런 식으로 운영되는 것은 하나님의 의도와는 거리가 멀다.

섬기기 위한 자격을 갖추라

그렇다면 기독교인 남성은 교회에서 어떻게 행해야 할까? 기독교인 남성은 자신의 믿음에 진지하게 관심을 갖고, 지도자로서 교회를 섬길 자격을 갖추어야 한다. 모든 남자가 다 장로나 집사가 되어야 하는 것도 아니고, 또 그렇게 될 수 있는 것도 아니다. 그러나 교회에는 항상 자격을 갖춘 경건한 남성들, 곧 교회를 이끌고 섬길 수 있는 사람들이 필요하다. 따라서 충실한 기독교인 남성은 그런 역량을 길러 교회를 섬길 준비를 갖춰야 한다.

목회자로서 부르심 받았다고 생각하는 남성은 디모데전서 3장 2-7절을 주의 깊게 살펴봐야 한다. 여기에서 바울은 교회의 직임을 맡게 될 사람이 갖춰야 할 자격 조건을 구체적으로 제시한다. 나의 설명과 적용을 덧붙여 이 말씀을 한 절씩 살펴보자.

① "감독은 책망할 것이 없으며"(2절).

감독은 삶을 통해 그리스도와 그분의 교회를 빛나게 해야 한다.

② "가르치기를 잘하며"(2절).

감독은 믿음이 건전해야 하고, 그 믿음을 다른 사람들에게 전해야 한다(감독뿐만 아니라 자녀를 기르는 아버지도 이 자질을 갖춰야 한다).

③ "절제하며 신중하며 단정하며……술을 즐기지 아니하며 구타하지 아니하며 오직 관용하며"(2,3절).

감독은 그리스도처럼 경건해지기 위해 힘쓰고, 성령의 열매를 나타내며, 욕망을 다스릴 줄 알아야 한다.

④ "다투지 아니하며 돈을 사랑하지 아니하며"(3절).

감독은 갈수록 거룩해져야 하고, 삶을 통해 '평화와 만족'이라는 성경적인 가치를 증명해 보여야 한다.

⑤ "자기 집을 잘 다스려 자녀들로 모든 공손함으로 복종하게 하는 자라야 할지며"(4절).

감독은 가정에서 믿음을 실천함으로써 교회를 인도하는 방법을 터득해야 한다.

⑥ "외인에게서도 선한 증거를 얻은 자라야 할지니"(7절).

감독이 이런 사람이어야 비방 받는 일을 피할 수 있다. 감독은 불신자들과 선한 관계를 맺어야 하고, 순전한 인격을 가진 사람이라는 평판을 얻어야 한다.

오늘날 교회에는 이런 목표를 지향하는 남자들이 필요하다. 곧 영적 성장을 추구하고, 주 예수님의 양 떼를 인도할 자격을 갖추기 위해 자신을 준비하고 애쓰는 사람들이 필요하다.

모두 군인이요 운동선수요 농부이다

앞에서 언급한 성경 구절에서 우리가 주목해야 할 점이 한 가지 더 있다. 디모데전서 3장은 교회의 직임을 맡을 사람의 자격에 대해 말하고 있지만, 실상 모든 기독교인 남성이 마땅히 추구해야 할 경건한 신앙을 가르치고 있다. 디모데전서 말씀은 모든 기독교인 남성이 추구해야 할 목표(개인적인 경건, 자제력, 진리를 아는 지식, 교회 안팎에서 선한 평판을 얻는 것)를 제시한다. 그런 삶을 사는 것은 참으로 큰 복이 아닐 수 없다. 요즘에는 그렇게 사는 사람을 찾아보기가 무척 힘들다. 나처럼 성인이 되어 회심한 사람들은 우리가 구원받기 전에는 그런 자격을 조금도 갖추지 못했었다는 사실을 기억하고, 우리의 삶 속에서 자신의 영광을 위해 일하시는 그리스도를 기뻐하며 찬양해야 한다.

바울은 기독교인 남성을 '그리스도 예수의 좋은 병사'(딤후 2:3)라고 일컫는다. 신자로서 우리는 무엇보다 먼저 우리의 부패한 습성과 영적 미숙함과 싸워야 한다. 또한 바울은 우리를 승리의 면류관을 얻기 위해 힘들게 훈련하는 운동선수와 좋은 농작물을 거두기 위해 수고하는 농부에 비유한다. 우리의 삶은 경건을 추구하는 터전이다. 우리는 가장 먼저 우리의 인격과 마음이라는 밭을 경작해야 한다. 우리는 하나님의 말씀과 기도에 헌신하고, 우리의 삶 전반에 그분의 은혜를 진지하게 적용해 나가려고 노력해야 한다. 정식으로 교회의 직분을 맡지 못했다고 해서

할 일이 하나도 없다고 불평해서는 안 된다. 우리의 삶과 마음을 가꾸기 위해서는 해야 할 일이 많다. 교회의 지도자가 갖추어야 할 자격 조건은 우리 모두가 추구해야 할, 매우 중요하고도 시급한 목표이다.

교회 안에서 일하고 세우는 자

교회 안에서 일하는 것은 기독교인 남성의 소명이다. 이 소명은 신자들을 강하게 하고 굳게 세운다는 개념에 근거를 두고 있다. 남자의 소명 가운데 첫째는 '일하는' 것이다. 에베소서 4장 7-16절은 부활 승천하신 그리스도께서 하늘에서 자기 백성들에게 은사를 부어 주심으로써 교회를 성장시키시는 사역을 행하신다고 가르친다. 바울은 "우리 각 사람에게 그리스도의 선물의 분량대로 은혜를 주셨나니"(엡 4:7)라고 말한다. 이 말씀은 기독교인 남성 모두가 대답해야 할 질문을 던진다. "그리스도께서 교회에서 나에게 무슨 일을 명하셨고, 또 그분은 그 일을 위해 나에게 어떤 은사를 주셨는가?"

신약성경은 섬기는 은사, 가르치는 은사, 위로하는 은사, 돕는 은사, 구제하는 은사, 다스리는 은사, 긍휼을 베푸는 은사 등의 은사들을 언급한다(롬 12:6-8; 고전 12:28 참고).[2]

그러나 이것을 공식적인 목록이나 모든 은사들을 다 언급한 것으로

---

2) 이 목록에는 사도 시대에만 적용된 은사들도 포함되어 있다. 예를 들면, 예언의 은사와 기적(능력)을 행하는 은사 등이 있다.

간주해서는 안 된다. 이 목록은 그리스도께서 성령의 능력으로 우리에게 허락하시는 많은 은사들 중 몇 가지만을 대표적으로 언급한 것일 뿐이다. 우리는 자신의 영적 은사를 발견해 교회에서 그것을 열심히 활용해야 한다. 왜냐하면 주님께서 자기 백성을 위해 그런 은사들을 허락하셨기 때문이다.

항상 섬길 준비를 하라

새 신자들이나 전에 교회를 섬기는 일을 해 본 적이 없는 사람들에게 하고 싶은 조언이 있다. 나의 조언은 전혀 새롭지도 않고, 또 따르기가 힘들지도 않다. 나의 조언은 간단하다. 무엇이 필요한지를 항상 지켜보고 있다가 자신에게 어느 정도 능력이 있다고 생각되거든 선뜻 나서서 그 필요를 채우라.

내가 회심했을 당시, 교회에서 도심 지역 청소년들을 가르칠 봉사자가 필요하다고 광고했다. 나는 그 일이 가치도 있고, 또 내가 그런대로 잘할 수도 있는 일이라 생각했다. 그런데 나중에 알고 보니 생각보다 더 힘들고, 많은 열정과 하나님의 은혜가 필요한 일이었다. 그러나 주님은 내가 그 일을 끝까지 감당할 수 있도록 도와주셨다. 사실 내가 나중에 주님을 섬기는 일에 헌신할 수 있게 된 것은 그때 사역에 기꺼이 동참해 하나님께서 허락하신 은사와 능력을 계발한 덕분이었다.

나중에 대학에서 가르칠 때도 나는 학생들에게 복음적으로 성경을 가르치는 일에 동참해 달라는 부탁을 받았다. 다른 사람들의 구원을 위해 일하고 싶은 마음이 있었던 차에 때마침 그런 부탁을 받게 된 터라 망설이지 않고 응했다. 그로부터 몇 년 뒤, 주님은 나의 진로를 바꿔 전임 사역자로 일할 수 있도록 이끄셨다.

이것은 비단 나만의 경험이 아니다. 하나님은 종종 그런 식으로 우리를 부르고 인도하신다. 각자의 은사는 은사 진단 테스트를 통해서가 아니라 주님을 직접 섬기는 경험을 통해서 드러날 때가 많다. 따라서 필요한 곳에서 더 빨리 섬기기 시작할수록 주님이 우리가 어디에서 섬기기를 원하시는지를 더 빨리 알 수 있다.

가르치는 사역을 중심으로 삼으라

바울은 에베소서 4장 11,12절에서 하나님께서 교회의 지도자들과 교사들에게 중요한 역할을 맡기셨다고 말한다.

"그가 어떤 사람은 사도로, 어떤 사람은 선지자로, 어떤 사람은 복음 전하는 자로, 어떤 사람은 목사와 교사로 삼으셨으니 이는 성도를 온전하게 하여 봉사의 일을 하게 하며 그리스도의 몸을 세우려 하심이라."

이 모든 사역자들이 공통으로 행하는 일은 무엇일까? 그것은 바로 하나님의 말씀을 전하는 일이다.

사도들과 선지자들은 신약성경이 기록되기 전인 사도 시대에만 있었던 직분이다. 오늘날 기독교인들은 목사나 교사, 곧 설교자를 통해 가르침을 받는다. 설교자들이 하나님의 말씀으로 신자들을 가르치는 사역을 하지만, 일반 신자들도 '성도를 온전하게 하여 그리스도의 몸을 세우는' 사역에 참여해야 한다. 여기에는 개인 전도, 여러 가지 상황에서 말씀을 가르치는 일, 집사나 장로로 섬기는 일, 교회 행정이나 실천 문제를 다루는 일, 교회 재정을 감독하는 일 등이 포함된다.

이 밖에도 그리스도의 몸을 세우는 일에는 서로를 섬기는 일이 포함된다. 서로에게 참된 것을 일깨우고 가르치라고 말하는 성경 구절들을 읽어 보라.

"형제들아, 사람이 만일 무슨 범죄한 일이 드러나거든 신령한 너희는 온유한 심령으로 그러한 자를 바로잡고……너희가 짐을 서로 지라. 그리하여 그리스도의 법을 성취하라"(갈 6:1,2).

"또 형제들아, 너희를 권면하노니 게으른 자들을 권계하며 마음이 약한 자들을 격려하고 힘이 없는 자들을 붙들어 주며 모든 사람에게 오래 참으라"(살전 5:14).

"오직 오늘이라 일컫는 동안에 매일 피차 권면하여 너희 중에 누구든지 죄의 유혹으로 완고하게 되지 않도록 하라"(히 3:13).

우리는 교회를 세우는 일에 제각기 역할을 다해야 할 뿐 아니라 개인적으로도 서로 섬기고 도와야 할 의무가 있다. 11장에서 살펴본 남자의 우정은 교회 안에서도 중요한 역할을 한다. 즉, 기독교인 남성은 하나님을 의지하도록 도와줄 친구가 필요하고, 또 스스로도 다른 사람들에게 그런 친구가 되어야 한다.

그리스도께서는 말씀을 통해 자기 백성에게 필요한 모든 것을 제공하신다. 하나님의 말씀은 생명을 주는, 거룩하고도 능력 있는 말씀이다. 이 말씀을 충실하게 전하는 설교와 가르침은 성도를 온전하게 하고, 교회를 세우는 역할을 한다. 바울은 교회 안에서의 사역을 통해 우리가 함께 추구해야 할 목표를 제시하면서 이렇게 말한다.

"우리가 다 하나님의 아들을 믿는 것과 아는 일에 하나가 되어 온전한 사람을 이루어 그리스도의 장성한 분량이 충만한 데까지 이르리니"(엡 4:13).

말씀을 알라

교회 안에서 이루어지는 모든 발전은 하나님의 은혜로 말씀을 가르치고 듣고 이해하고 적용하는 일을 통해 이루어진다. 이 사실에서 한 가지 뚜렷한 결론이 도출된다. 즉, 주님을 섬기고자 하는 기독교인 남성은 어떤 수준에서 무슨 일을 행하든지 하나님의 말씀에 헌신하는 데서부터 출발해야 한다는 것이다. 하나님의 말씀에 무지한 사람은 섬기는 일을 잘 감당하기 어렵다. 왜냐하면 우리의 지식이나 능력만으로는 하나님을 충실하게 섬길 수 없기 때문이다. 하나님의 말씀은 하나님을 섬기는 데 필요한 영적 능력과 믿음을 길러 준다.

성경에 대한 지식을 쌓을 수 있는 가장 좋은 방법은 날마다 성경을 공부하고 묵상하는 것이다. 시편 1편 1-3절은 "복 있는 사람은……오직 여호와의 율법을 즐거워하여 그의 율법을 주야로 묵상하는도다. 그는 시냇가에 심은 나무가 철을 따라 열매를 맺으며 그 잎사귀가 마르지 아니함 같으니 그가 하는 모든 일이 다 형통하리로다"라고 말한다. 이 말씀은 영적인 풍요로움을 보여 준다. 하나님의 말씀에 헌신하는 사람은 주님을 잘 섬길 수 있는 능력을 기를 수 있다. 시편을 여는 이 말씀은, 주님 안에서 성장해 교회의 유익한 도구가 되고 싶은 사람은 가장 먼저 말씀에 관한 지식을 갖추어야 함을 일깨워 준다.

우리는 말씀으로 자신을 강하게 하고, 그리스도께서 허락하신 은사를 활용하며, 사랑과 진리로 서로 섬김으로써 그리스도의 교회를 세운다. 이런 측면에서 볼 때, 기독교인 남성들은 과거에 예루살렘 성벽을 재건했던 느헤미야의 일꾼들과 같다. 베드로는 모든 신자가 이 사역을 감당해야 한다고 강조했다. 예수님의 귀한 보혈로 부르심을 받은 신자들은 모두 다 세상에서 하나님의 영광을 드러내며 복음 사역에 참여하는 거룩한 제사장이 되어야 한다. 베드로는 "너희도 산 돌같이 신령한 집으로 세워지고 예수 그리스도로 말미암아 하나님이 기쁘게 받으실 신령한 제사를 드릴 거룩한 제사장이 될지니라"(벧전 2:5)라고 말한다. 즉, 그리스도께서 우리를 신령한 집으로 지으셨다. 그리고 이제 우리는 각자 은사와 소명을 받은 대로 모두 힘을 합쳐 그리스도의 집, 곧 교회를 세워야 한다.

교회를 지키고 보호하는 자가 되라

나의 아내는 장로나 집사를 새로 임명하는 임직 예배를 가장 좋아한다. 아내는 남자들이 예배당 앞에 나와 사도들의 방식대로 안수를 받고 새로운 지도자로 임명받는 모습을 볼 때면 기뻐서 어쩔 줄을 모른다.

아내는 임직 예배를 드리는 날에는 거의 어김없이 "우리 교회를 이끌어 갈 경건하고 신령한 남자들을 보는 것이 즐거워요. 그런 모습을 보면 내가 여자라는 생각이 더욱 뚜렷해지고, 교회에서 보호받을 수 있을 것처럼 느껴져요"라고 말한다.

왜냐하면 아내가 남자의 소명 중 두 번째에 해당하는 소명(지키는 일)이 교회 안에서 이루어지는 것을 경험하기 때문이다. 우리는 교회의 성장과 건강을 위해 일해야 할 뿐만 아니라 항상 깨어 교회와 교인들을 안전하게 지키기 위해 노력해야 한다. 느헤미야의 일꾼들은 일부는 일하고 일부는 경계를 섰다. 또한 에덴동산에서 아담은 한 손에는 삽을 들고서 땅을 개간하고, 다른 한 손에는 용사의 검을 들라는 소명을 받았다. 이와 같이 기독교인 남성도 교회를 세울 뿐만 아니라 교회를 안전하게 지켜야 할 의무를 진다.

그렇다면 우리가 무엇을 보호해야 할까? 바울은 디모데에게 교회의 지도력에 관해 가르치면서 교회의 활동과 교리를 안전하게 지키는 것이 장로의 의무라고 강조했다(딤전 1:3-7 참고).

교회의 활동을 보호하라

교회의 활동은 예배와 같은 공식적인 활동만이 아니라 교회의 영적인 활동 전체를 아우른다. 기독교인 남성들은 교인들이 올바른 대우를 받을 수 있도록 배려하고, 소외되거나 방치된 사람이 없는지를 살펴야 한다. 험담이나 분열과 같은 파괴적인 영향력이 교회를 뒤흔들 때는 적극적으로 관여해 물리쳐야 한다. 또한 세속 사회를 지배하는 잘못된 풍조가 교회의 생명을 위협하지 못하게 하는 것도 경건한 남성 신자들이 감당해야 할 의무 가운데 하나이다.

간단히 말해, 경건한 남자들은 교회의 경건함을 보호해야 할 책임을 진다. 이 책임은 우선적으로 장로들에게 있다. 그러나 장로들 외에 다른 모든 남성 신자들도 주님의 교회가 그분의 뜻에 잘 복종하고 있는지를 주의 깊게 살펴야 한다. 경건한 남자들은 교회가 하나님의 일이 번창하고 모두가 그분의 진리를 굳게 지키는 동산이 될 수 있도록 노력해야 한다.

교회의 교리를 보호하라

경건한 남자들은 교회의 교리를 사수해야 할 책임을 진다. 이 일도 모든 남성 신자들이 감당해야 할 일이지만, 장로들의 책임이 특히 더욱 크다. 그래서 기독교인 남성은 성경을 열심히 배워 건전한 교리를 믿고, 진리를 위협하는 요소들을 각별히 경계하는 책임을 짊어져야 한다. 특히 오늘날의 사회에는 성경을 공격하는 자유주의 사상과 성경의 가르침에 대해 세상과 타협하게 만드는 속된 풍조가 만연하다.

교회 지도자가 건전한 교리를 사수하지 못할 때는 일반 교인들 가운데 경건한 남성들이 나서서 그들에게 교리를 사수하라고 권고해야 한다. 목회자와 장로들이 권고를 받아들이지 않으면, 경건한 남성들은 합법적인 방법을 통해 주님을 충실히 섬길 수 있는 다른 지도자를 세워야 한다. 필요한 경우에는 가족들을 데리고 다른 교회로 가는 것도 방법이 될 수 있다. 기독교인 남성은 가족들이 거짓 교리를 가르치거나 참교리를 힘써 가르치지 않는 교회에 다니도록 방치해서는 안 된다. 개인적인 기호나 취향보다 교리가 앞서야 한다. 예배 음악, 인구 구성비, 예배 장소나 건물, 목회자의 인격 같은 부분보다는 성경을 정확하고 충실하게 가르치고 전하느냐 하는 것이 더 중요하다.

예수님은 거짓 교사들을 시험한 에베소교회를 칭찬하셨다(계 2:2 참고). 반면 거짓 교사들을 내쫓지 못한 버가모교회를 엄히 책망하셨다(계 2:15 참고). 유다서 1장 3절은 "성도에게 단번에 주신 믿음의 도를 위하여 힘써 싸우라"라고 명령한다. 우리에게 맡겨진 거룩한 진리를 지키지 않는다면(딤후 1:14 참고), 우리의 아내와 자녀들이 영적으로 거짓과 오류에 속박된 채 고통받을 것이다.

하나님은 교회 안에서 여자들에게도 여러 가지 귀한 역할을 맡기셨다. 남자들이 늘 깨어 감독하는 건강한 교회 안에서 여자들은 영적 아름다움을 널리 퍼뜨리는 일에 자유롭게 헌신할 수 있다. 그것이 여자들이 창조된 목적이다. 여자들은 사랑의 공동체를 가꾸고, 관계를 돈독히 하는 일을 위해 창조되었다. 경건한 남성성이 지배하는 교회는 경건한 여성성이 활짝 꽃을 피워 열매를 맺을 수 있는 교회이기도 하다. 성경이 가르치는 건전한 교리를 알고 적용하는 경건한 남자들이 바르게 운영하는 교회는 여자들이 주님의 은혜 안에서 주어진 책임을 다할 수 있는 안전한 환경을 제공한다.

세상이라는 비계(飛階)가 철거될 그날의 영광을 바라보라

몇 년 전, '웨스트민스터 신앙고백' 350주년 기념식이 런던의 웨스트민스터 사원에서 열렸다. 위대한 스코틀랜드 설교자 에릭 알렉산더(Eric Alexander)가 '바울과 초대 교회 신자들의 삶'을 주제로 말씀을 전했다. 초대 교회 신자들은 모진 박해와 시련을 당하면서도 교회를 세우는 일에 온전히 헌신했다. 알렉산더 목사는, '모호하고 연약하며 보잘것없는 그들의 믿음이 강한 확신으로 발전할 수 있었던' 이유는 그들이 교회의 역사 안에서 하나님께서 행하시는 일을 이해했기 때문이라고 지적하고, "그래서 그들은 불안하기만 한 세상에서 안심할 수 있었다"라고 말했다. 다른 사람들이 모두 안 된다고 포기한 성벽을 재건하고자 열심히 힘쓴 느헤미야의 일꾼들도 마찬가지였다. 그들은 그 일이 세상을 구원하시는 하나님의 계획이라는 것을 깨달았기 때문에 그토록 열심히 일할 수 있었다. 알렉산더 목사는 "우리가 살아가면서 하늘의 것을 좀 더 사모한다면, 우리도 그들과 같이 될 수 있다"라고 지적했다.[3]

그러고는 우리의 삶에 관한 우리의 생각을 자극하는 몇 가지 질문을 던졌다.

---

3) Eric Alexander, "The Application of Redemption," in *To Glorify and Enjoy God: A Commemoration of the 350th Anniversary of the Westminster Assembly*, ed. John L. Carson and David W. Hall(Edinburgh: Banner of Truth, 1994), 245.

"오늘날 세상에서 일어나고 있는 일 가운데 진정으로 중요한 일이 무엇인가? 참으로 의미 있는 사건들이 어디에서 일어나고 있는가? 가장 중요한 일은 무엇인가? 하나님의 관점에서 본다면, 현대 사회에서 가장 의미 있는 사건이 일어나고 있는 곳은 과연 어디일까? 역사 가운데 하나님의 사역이 이루어지는 중심지는 과연 어디일까?"

이 질문에 뭐라고 대답할 것인가? 이 세상에서 가장 위대한 일이 일어나고 있는 곳, 오늘날 우리가 관심을 기울여야 할 가장 흥미로운 사건이 일어나고 있는 곳이 어디인가? 알렉산더 목사는 이렇게 대답했다.

"역사 가운데 일어나는 가장 의미 있는 일은, 하나님의 백성을 부르고 구원하고 온전하게 하는 일이다. 하나님은 예수 그리스도의 교회를 세우고 계신다. 나머지 역사는 하나님께서 이 목적을 이루기 위해 세우신 무대에 지나지 않는다. 하나님은 사람들을 부르시고는 그들을 온전하게 만드신다. 그분은 그들을 변화시키고 계신다. 하나님께서 무대의 막을 내려 이 타락한 세상의 역사를 끝내시고, 주 예수 그리스도께서 무한한 영광으로 재림하실 그날, 역사는 절정에 이를 것이다. 이 진정한 역사에 비하면, 나머지 역사는 건물을 짓기 위해 임시로 설치한 비계일 뿐이다."[4]

---

4) Ibid.

알렉산더 목사는 전에 런던에 왔을 때 일꾼들이 웨스트민스터 사원에 비계를 설치하고는 건물을 청소하고 보수하는 것을 보았노라고 말했다. 그는 "아무도 건물의 참된 아름다움을 볼 수가 없었다. 그러나 그 비계 뒤에서 무언가 의미 있는 일이 진행되고 있다는 것을 짐작할 수 있었다. 비계가 철거되면, 장엄한 아름다움이 환하게 드러날 것이 분명했다"라고 말했다. 그는 그런 비유를 토대로 우리의 삶과 교회에 적용할 수 있는 교훈을 제시했다.

"하나님께서 세상의 역사라는 비계를 철거하실 날이 올 것이다. 하나님께서 만물 앞에서 무엇을 가리켜 '이것이 내가 만든 걸작이다'라고 말씀하시리라 생각하는가? 그분은 예수 그리스도의 교회를 가리키실 것이다. 그때 예수 그리스도께서 그 앞에 나와 '아버지께서 저에게 허락하신 자녀들, 곧 거룩함으로 온전해진 자녀들과 제가 여기 있습니다'라고 말씀하실 것이다."[5]

우리 남자들은 지금 그날을 바라보면서 교회 안에서 힘써 일하고 있다. 과거에 이스라엘 사람들은 느헤미야의 지도 아래 장차 구세주로 오실 예수님을 바라보면서 위대한 예루살렘 성을 재건하는 일에 헌신했다. 그로부터 오랜 세월이 흐른 뒤에는 바울과 초대 교회 신자들이 예

---

[5] Ibid., 245-246.

루살렘에서 널리 퍼져 나가, 진리와 사랑의 능력으로 로마 제국의 박해를 이겨 냈다. 그들은 초대 교회를 세웠고, 하나님의 구원 진리를 안전하게 지켰다. 이제 우리의 차례이다. 느헤미야와 바울을 비롯해 그들과 함께 일했던 사람들처럼, 우리도 우리의 모든 수고가 열매를 맺을 그날을 바라보아야 한다. 곧 우리가 영광스럽게 부활하고, 하나님께서 그 영광을 자기 백성들 가운데서 온전히 드러내실 그날을 바라보아야 한다. 그날을 위해 살아간다면, 그리스도의 이름과 능력으로 그분의 교회를 함께 세우는 일에 더욱 열심히 헌신하고, 죄 가운데서 죽어 가는 세상에 구원의 유일한 소망을 전하는 복음을 지킬 수 있는 힘을 얻게 될 것이다.

묵상과 나눔을 위한 질문

1. 남자만이 교회에서 가르치고 다스리는 직분을 맡을 수 있다는 성경의 가르침이 얼마나 분명한가? 이런 성경의 가르침에 충실하면 교회에 진정한 변화가 일어날 것이라고 생각하는가? 그런 가르침은 어떻게 남용될 수 있는가? 또 그런 가르침을 무시하는 것은 어떤 해를 가져오는가?

2. 장로나 집사로 부름 받지 않았더라도, 그런 직분에 필요한 자격 조건을 신자로서 삶에 어떻게 적용할 수 있을까? 그런 자격 조건을 자신의 영적 성장을 위한 지침으로 활용할 수 있는 방법은 무엇인가?

3. 하나님께서 당신에게 교회에서 사용할 수 있는 영적 은사를 허락하셨는가? 만일 그렇다면 무슨 은사를 받았으며, 또 그것을 어떻게 사용하고 있는가? 무슨 은사를 받았는지 확신할 수 없다면, 어떻게 자신의 은사를 찾아야 하겠는가?

4. 기독교인 남성 신자들은 어떤 식으로 장로나 집사들 못지않게 중요한 역할을 감당하는가? 당신의 경건한 믿음이 교회 안에서 중요한 역할을 하는가? 직분을 맡았든 맡지 않았든, 기독교인 남성으로서 지도력을 발휘할 수 있는 방법은 무엇인가?

5. 자신의 믿음이 건전한가? 만일 그렇지 않다면, 어떻게 가정과 교회를 거짓된 것으로부터 안전하게 지킬 수 있겠는가? 건전한 교리를 배우려면 어떻게 해야 하겠는가? 자신의 믿음이 건전하다면, 그 지식을 더욱 발전시키고 그것을 이용해 교회를 유익하게 하기 위해 어떻게 해야 하겠는가?

Chapter 13

주님의 종으로서의 소명

    나는 기독교인 남성으로서 바라는 것들이 많다. 나는 나의 딸들이 경건한 남자와 결혼하기를 바란다. 그리고 나는 한 교회에서 20년 이상 목사로 일하고 싶다. 왜냐하면 오랫동안 한 교회에서 같은 신자들을 섬겨야만 충실한 사역이 이루어질 수 있다고 믿기 때문이다. 또한 주님이 기뻐하신다면, 나의 자녀 중 하나가 목회자나 선교사가 되기를 바란다.

  그러나 내가 바라는 가장 큰 소원은, 하나님의 아들이요 나의 구원자요 주인이시며, 왕 중의 왕이요 영광의 주님이신 예수 그리스도를 직접 뵙는 것이다. 내가 바라는 다른 것들은 모두 장담할 수 없지만, 이 영광스런 사건만큼은 분명하고 확실히 일어날 것이다. 욥은 이렇게 말했다.

  "내가 알기에는 나의 대속자가 살아 계시니 마침내 그가 땅 위에 서실 것이라. 내 가죽이 벗김을 당한 뒤에도 내가 육체 밖에서 하나님을 보리라. 내가 그를 보리니 내 눈으로 그를 보기를 낯선 사람처럼 하지 않을 것이라. 내 마음이 초조하구나"(욥 19:25-27).

나는 이 말에 '아멘'으로 화답한다. 왜냐하면 나를 비롯해 모두가 그것을 바라기 때문이다.

은퇴할 날을 기대하면서 살아가는 사람들이 많다. 그런 사람들은 퇴직 연금이나 그 밖의 연금에 얼마만큼 가입했느냐에 따라 모든 것이 결정된다. 그러나 기독교인 남성은 예수 그리스도의 영광스런 재림을 기대하면서 살아가야 한다. 그분의 영광스런 재림은 동화나 환상이나 공상 과학이 아니다. 그것은 확실한 미래의 역사이다. 그리스도의 재림은 머지않아 반드시 이루어질 것이다.

그렇다면 우리는 어떻게 살아야 할까? 우리의 삶에서 일어나는 일들을 어떻게 평가해야 할까? 우리는 확실하게 이루어질 미래의 빛 안에서 현재를 살아가야 한다.

성경은 세상에서 그리스도를 섬기면 하늘에서 상급을 받는다고 가르친다. 그래서 예수님은 "보물을 하늘에 쌓아 두라"(마 6:20)라고 말씀하시고, 은화 열 므나의 비유를 통해 이익을 남긴 정도에 따라 제각기 다른 상급을 받게 된다고 가르치신다(눅 19:12-27 참고). 물론 주님이 계시는 영광스런 하늘나라에 들어가는 것보다 더 큰 상급은 없다. 그곳에서 나는 주님을 뵐 것이다. 그분 앞에 무릎을 꿇고 그분의 영광을 찬양하는 나의 모습이 눈에 선하다. 그날 나는 "잘하였도다 착하고 충성된 종아……네 주인의 즐거움에 참여할지어다"(마 25:21,23)라는 칭찬을 듣게 될 것이다. 나는 그런 기대감을 가지고 현재의 삶을 살아간다. 기독교인이라면 누구나 이런 미래와 그날의 상급을 기대하면서 힘 있고 담대하게 예수 그리스도를 섬길 수 있어야 한다.

이 점을 기억하면, 세상의 잣대로 나의 성공 여부를 평가하는 것은 중요하지 않다. 세상이 나를 인정하느냐 멸시하느냐, 내가 풍부에 처하느냐 비천에 처하느냐는 결코 중요하지 않다. 내가 충실한 종으로 판명되고, 나의 구원자요 주인이신 주님, 장차 다시 오셔서 영원히 세상을 다스리실 주님에게서 칭찬을 듣는 것이 중요하다. 기독교인이 된다는 것은 단지 죄에서 구원받는 것만을 의미하지 않는다. 우리는 주님의 제자가 되기 위해서 구원받았다. 기독교인 남성의 정체성은 주 예수 그리스도의 제자요 종이라는 데 있다. 예수님의 재림과 충실한 남녀에게 주어지는 칭찬이 미래에 대한 우리의 기대감을 지배하는 가장 큰 동기요 실제가 되어야 한다.

그리스도의 제자

수년 전에 내가 대학에서 가르칠 때, 잘 알려진 사이비 기독교의 지도자 몇 명이 나를 찾아왔다. 그들은 삶의 모든 측면에서 말씀에 복종해야 한다고 주장했다. 그들은 모든 신자가 다 제자가 되어야 한다고 강조했다. 물론 그들의 기독교 신앙은 근본적으로 잘못되었지만, 그런 표현과 주장에는 기꺼이 동의하지 않을 수 없었다.

그들은 나에게 개인적으로 제자 훈련을 받았느냐고 물었다. 내가 그렇다고 대답했더니 모두 놀라는 눈치였다. 그들은 누구에게서 제자 훈련을 받았느냐고 물었다. 내가 누구라고 대답하든 나의 제자 훈련을 인정하지 않을 기색이 역력했다. 그러나 나의 대답은 그들이 기대하는 것과는 달랐다. 나는 "나사렛 예수님께 제자 훈련을 받고 있습니다"라고 대답했다. 그러자 그들은 "그분은 죽으셨고, 지금 이곳에 계시지 않습니다"라고 말하면서 "그것은 잘못된 생각입니다"라고 덧붙였다. 그 말에 나는 "그분은 지금도 살아 계시며, 성령으로 신자들을 돕고 계십니다. 나는 예수님을 믿는 참신자입니다. 그러하기에 베드로와 요한을 비롯해 그분이 세상에 계실 때 그분의 제자가 되었던 많은 사람들처럼, 지금 나도 그분의 제자로서 살아가고 있습니다"라고 대답했다.

나의 대답은 사이비 기독교 종파들에게서 공통적으로 발견되는 문제점을 드러냈다. 즉, 그들의 생각과 삶은 성령의 역할을 전혀 고려하지 않는다(사이비 기독교 종파의 지도자들은 자신들이 추종자들의 삶에서 성령의 역할을 대신하려고 한다). 오늘날 모든 기독교인은 성령의 사역을 통해 예수님의 제자가 된다. 우리의 제자직은 예수님이 살아 계실 당시 신자들의 제자직에 비해 조금도 못하지 않다. 오히려 우리의 제자직이 더 낫다. 예수님은 체포되시는 날 밤에 제자들에게 이렇게 말씀하셨다.

"내가 너희에게 실상을 말하노니 내가 떠나가는 것이 너희에게 유익이라. 내가 떠나가지 아니하면 보혜사가 너희에게로 오시지 아니할 것이요

가면 내가 그를 너희에게로 보내리니"(요 16:7).

신자라면 누구나 예수님이 부활하시기 전, 곧 그분이 살아 계실 때 그분의 제자로서 사는 삶이 참으로 굉장했으리라고 상상할 것이다. 그러나 예수님은 친히 보혜사, 곧 성령을 보내어 그때보다 훨씬 더 나은 제자직을 허락하시리라고 말씀하셨다.

주 예수님의 제자요 종이 된다는 것이 무슨 의미인지를 이해하려면, 우리에게 주어진 현재의 특권에 대해 기뻐해야 한다. 주님의 발 아래 앉아 말씀을 배우고, 기도로 그분과 대화하는 일에 힘써야 한다. 예수님은 "너희가 내 말에 거하면 참으로 내 제자가 되고"(요 8:31)라고 말씀하신다. 하나님의 말씀 안에 거하고, 기도로 주님과 대화하지 않으면, 우리의 제자직은 공허할 뿐이다. 우리가 하나님의 말씀 안에 거하며 그분의 참제자가 되어야 하는 이유는 무엇일까? 그것은 예수님이 참제자가 되면 놀라운 역사가 일어날 것이라고 약속하셨기 때문이다. 그분은 "진리를 알지니 진리가 너희를 자유롭게 하리라"(요 8:32)라고 말씀하셨다. 즉, 참제자는 진리 안에 거함으로써 자유로워진다.

세례 요한은 참제자의 모습을 여실히 드러냈다. 그는 위대하신 예수님을 섬기는 기쁨을 이렇게 표현했다.

"나보다 능력이 많으신 이가 오시나니 나는 그의 신발 끈을 풀기도 감당하지 못하겠노라"(눅 3:16).

고대 유대 사회에서 신발 끈을 푸는 일은 종들에게조차도 요구하지 않을 정도로 더럽고 천박한 일이었다. 그러나 요한은 자기보다 훨씬 뛰어나신 예수님을 섬길 때 자신은 그런 천박한 일조차도 감당할 자격이 없다고 고백했다. 하나님의 아들이신 우리 주님의 영광이 그토록 위대한 것이다.

예수님은 세례 요한을 당대의 가장 위대한 인물로 간주하셨다(마 11:11 참고). 그러나 요한은 자기 자신을 주 예수님의 종으로 생각했고, 예수님처럼 위대하신 분을 위하는 일이라면 지극히 천박한 일조차도 큰 특권이요 기쁨으로 받아들였다.

종이요 제자로서 살아가기

예수님을 섬김으로써 우리의 삶이 변화되기를 원한다면, 세례 요한의 태도를 본받아야 한다. 세례 요한은 예수님의 제자로서 그분을 섬기는 영광에 관해 가르친다. 나는 기독교의 남성성을 탐구하는 이 책을 마무리하면서 그의 가르침을 살펴보고 싶다.

그리스도께서 등장하시자 요한의 사역은 점차 힘을 잃어 갔고, 그의 제자들 중 많은 수가 그를 떠나 예수님을 따르기 시작했다(요 3:22-30 참고). 아직 요한을 따르던 제자들은 예수님의 사역 때문에 요한의 사역이 피해를 입고 있다고 불평했다. 그러나 그들의 불평을 듣고서 세례 요한이 대답한 말을 보라. 이는 경건하고도 충실한 믿음을 가장 잘 드러낸 고백이자 기독교인 남성이 주님께 어떻게 헌신해야 하는지를 보여 주는 본보기이다.

"요한이 대답하여 이르되 만일 하늘에서 주신 바 아니면 사람이 아무것도 받을 수 없느니라……신부를 취하는 자는 신랑이나 서서 신랑의 음성을 듣는 친구가 크게 기뻐하나니 나는 이러한 기쁨으로 충만하였노라. 그는 흥하여야 하겠고 나는 쇠하여야 하리라 하니라"(요 3:27,29,30).

여기에는 그리스도를 섬기는 요한의 모범적인 태도가 잘 드러나 있다. 우리는 그의 말에서 한 가지 핵심 원리와 기쁨의 태도와 겸손한 결의를 발견할 수 있다. 이 세 가지 요소는 남성으로 하여금 소명에 충실하여 그리스도를 섬기는 일을 잘 감당할 수 있게 한다.

하늘이 주는 선물로서의 소명

요한은 예수님의 인기가 치솟는 것을 못마땅하게 여기는 추종자들에게 주님을 섬기는 데 필요한 핵심 원리를 제시했다.

"만일 하늘에서 주신 바 아니면 사람이 아무것도 받을 수 없느니라"(요 3:27).

요한은 주권자이신 하나님께서 정해 주신 자리와 베푸신 것에 온전히 만족하고, 자신의 소명에 충실해야 한다고 말한다.

이 말은 우리가 가진 모든 것이 하늘로부터 온 선물이라는 사실을 떠올리게 한다. 요한은 신자들이 서로 시기하거나 분쟁하는 것을 용납하지 않는다. 우리에게 위대한 소명과 큰 선물이 주어졌다면, 그것은 모두 하나님께서 하나님을 섬기라고 주신 것이다. 우리에게 평범한 소명과 작은 선물이 주어졌다면, 그것도 모두 하나님을 섬기라고 주신 것이다.

이 사실을 안다면, 다른 사람을 시기하거나 자기 자신을 자랑하는 잘못을 저지르지 않을 것이다. 바울은 "네게 있는 것 중에 받지 아니한 것이 무엇이냐. 네가 받았은즉 어찌하여 받지 아니한 것같이 자랑하느냐"(고전 4:7)라고 말한다. 우리에게 있는 모든 은사는 하나님께서 주신 것이다. 우리가 성공한다면, 그것은 하나님의 은혜 덕분이다. 우리가 부지런하다면, 그것도 하늘의 선물이다. 마찬가지로 다른 기독교인이 성공적인 삶을 살고 있는 것을 볼 때, 우리는 그 사람을 높이기보다 하나님께 모든 영광을 돌려야 한다. 또한 하나님께서 우리를 다른 사람들보다 덜 성공하게 하시더라도, 우리보다 더 성공한 사람들을 시기해서는 안 된다.

이 원리를 이해하면, 경건한 야망과 경건하지 못한 야망을 구별할 수 있다. 기독교인은 올바른 것을 추구하는 야망을 지녀야 한다. 우리는 하나님 나라를 위해 힘과 열정을 모두 바쳐야 한다. 우리는 일하고 지키라는 기독교인의 소명에 충실해야 한다. 우리는 돌보아야 할 사람들을 돌보고, 세상에 유익을 끼치며, 연약한 자를 보호하고, 사람들에게 그리스도를 믿는 믿음을 전하며, 그들을 성숙한 신자로 길러 내야 한다.

어떤 은사를 가지고 있든지, 그것을 통해 하나님께서 위대한 일을 행하시기를 바라는 야망을 가져야 한다. 이런 야망은 이기적인 야망과는 완전히 다르다. 그러나 우리는 종종 이기적인 야망에 사로잡히곤 한다. 우리는 자신에 대한 평판과 자신의 행복에 큰 관심을 기울인다. 그리고 그것 때문에 시기와 분쟁이 일어난다. 우리는 영광과 칭찬을 좋아한다. 만일 그렇지 않다면, 다른 사람이 우리보다 뛰어난 것을 보더라도 불안해하지 않을 것이다. 우리는 높은 지위와 부와 속된 사치를 추구한다. 만일 그렇지 않다면, 그런 것들이 위태로워지더라도 크게 염려하지 않을 것이다. 요한의 원리는 이런 우리가 하나님께 유용한 사람이 되고 참된 영적 행복을 누릴 수 있도록 도와준다. 자기중심적인 야망을 하나님 중심의 야망으로 바꾸라. 그리하면 시기와 분쟁에서 자유로워질 수 있다.

뛰어난 설교자인 마이어(F. B. Meyer)는 시기심을 극복하려고 애썼다. 하나님은 그를 역사상 가장 뛰어난 설교자 중 하나인 찰스 해든 스펄전(Charles Haddon Spurgeon)과 같은 시대에 런던에서 사역하도록 부르셨다. 마이어는 타고난 능력과 부단한 노력에도 불구하고, 자신의 예배당 밖으로 스펄전 목사의 메트로폴리탄 태버나클(Tabernacle) 교회로 향하는 마차들이 줄지어 가는 모습을 지켜봐야 했다. 그는 생애 말년에는 캠벨 몰간(Campbell Morgan)에 의해 또다시 그런 일을 겪어야 했다. 그들은 집회에서 함께 말씀을 전했다. 그런데 회중은 몰간의 설교에는 귀를 기울이다가도 마이어가 설교할 때면 자리를 뜨곤 했다. 그는 쓸쓸한 심정을 느꼈지만, 몰간을 위해 기도했다. 그는 자기가 위하여 기도하는 사람을 시기하는 것을 성령께서 원하시지 않으리라 생각했다. 그의 생각은 옳았다. 하나님은 마이어에게 몰간의 설교를 기쁘게 여길 수 있는 마음을 허락하셨다. 그는 사람들에게 "캠벨 몰간의 설교를 들어 본 적이 있습니까? 오늘 아침에 그의 메시지를 들어 보았습니까? 하나님께

서 그와 함께하십니다"라고 말하곤 했다.[1]

하나님은 마이어의 기도에 응답하셨다. 몰간의 교회에는 사람들이 차고 넘쳤고, 마이어의 교회에도 사람들이 가득 찼다.

세례 요한은 예수님을 보고서 질투하지 않았다. 그는 자신이 구원자가 아니라는 사실을 알고 있었다. 그래서 "내가 말한 바 나는 그리스도가 아니요 그의 앞에 보내심을 받은 자이다"(요 3:28 참고)라고 말했다. 요한은 자신의 자리와 역할을 이해했다. 그는 예수님을 위해 길을 준비했고, 사람들이 하나님의 어린양이요 구원자이신 예수님을 따르도록 그들을 인도했다. 그는 사람들이 예수님을 따르는 모습을 보면서 기뻐했다. 그리스도의 빛이 비치면서 그의 빛이 희미해졌지만, 그는 조금도 개의치 않았다. 요한은 하나님께서 주권자가 되신다는 사실을 알았다. 하나님은 우리 각자의 은사와 사역을 정하시고, 우리가 그것을 이루도록 인도하신다. 그러므로 사람들의 칭찬보다는 하나님께 인정받기를 바라면서 소명을 충실히 이루어 그분을 영화롭게 해야 한다.

이것이 성경이 가르치는 남자의 소명을 이해하는 것이 그토록 중요한 이유 중 하나이다. 요한은 주님이 요구하시는 일을 온전히 이루고 싶은 마음뿐이라고 말했다. 주님은 우리에게 무엇을 요구하시는가? 우리의 소명은 무엇인가? 우리의 소명을 창세기 2장 15절에서 발견할 수 있다.

---

[1] R. Kent Hughes, *John*(Wheaton, Ill.: Crossway, 1999), 95.

"여호와 하나님이 그 사람을 이끌어 에덴동산에 두어 그것을 경작하며 지키게 하시고."

인류의 시작을 기록하고 있는 성경의 첫 장에는 우리의 소명이 명백히 드러나 있다. 하나님께서 우리를 어디에 두시든지, 우리는 일하고 지키라는 소명에 충실해야 한다. 우리에게 주어진 이 소명의 본질을 이해하고 받아들여야 한다. 그것이 바로 그리스도의 종이자 제자로서 충실하게 살아갈 수 있는 길이다.

기쁨의 태도

세례 요한에게서 발견되는 두 번째 위대한 요소는 첫 번째 요소와 자연스레 연결된다. 이것 역시 우리가 기독교인으로서 충실하게 살아가도록 돕는다. 요한은 자신의 인기가 떨어지는데도 실망하기는커녕, 여전히 기쁨으로 하나님을 섬겼다. 그는 자신을 따르는 사람들에게 "신부를 취하는 자는 신랑이나 서서 신랑의 음성을 듣는 친구가 크게 기뻐하나니 나는 이러한 기쁨으로 충만하였노라"(요 3:29)라고 말했다.

'신랑의 친구'라는 표현은 언뜻 이해하기 어렵다. 그러나 사실 그렇지 않다. 요한은 고대 이스라엘 사회에서 신랑의 들러리 같은 사람이었다. 다만 그는 큰 권위와 책임을 맡은 들러리였을 뿐이다. 그는 결혼 도우미와 결혼식 사회자의 역할은 물론, 신혼부부의 보금자리를 안전하게 마련하는 일까지 모두 맡아 처리했다. 윌리엄 바클레이(William Barclay)는 이렇게 말한다.

"그는 신부와 신랑을 연결해 주는 역할을 했다. 그는 결혼식을 준비하고, 초청장을 보내고, 결혼식의 사회를 보았다. 그는 신부와 신랑을 한자리에 데려왔다……다른 사람이 들어가지 못하도록 신부의 방을 굳게 지키는 것도 그의 임무였다……그는 신랑의 음성이 들리자 그를 방으로 들어가게 한 다음, 즐거운 마음으로 돌아갔다. 왜냐하면 자신의 사역을 다 마쳤고, 사랑하는 사람들이 서로 하나가 되었기 때문이다."[2]

신랑의 친구는 한동안 사람들의 주목을 받았다. 그러나 그는 신부와 신랑을 섬기는 것이 자신의 역할이라는 것을 한시도 잊지 않았다. 그러고는 그 둘을 서로의 품에 안전하게 내맡긴 다음에 기쁜 마음으로 무대 뒤로 조용히 사라졌다. 그는 자신이 사람들의 눈에 띄는 것을 기뻐하지 않았다. 그는 오직 주어진 사역을 충실히 행하고, 친구를 영화롭게 하며, 신부와 신랑을 하나로 맺어 주는 일에서 기쁨을 찾았다.

요한은 구원자이신 예수님을 위해 길을 예비했고, 그분이 공생애를 시작하시자 즉시 그분이 구원자라는 사실을 공포했다. 요한은 사람들의 관심이 자기에게서 돌이켜 예수님께로 향하게 만들었다. 요한은 자신이 그렇게 해야 할 때가 왔다는 것을 알았다. 왜냐하면 하나님께서 자신에게 선물로 주신 명성과 인기를 이용해 그리스도를 소개하는 것

---

2) William Barclay, *The Gospel of John*(Philadelphia: Westminster, 1975), 1:143-144.

이 자신이 해야 할 일이라는 것을 알고 있었기 때문이다. 요한은 자신의 가장 중요한 사역이 성공적으로 끝난 것을 깨닫고, "나는 이러한 기쁨으로 충만하였노라"(요 3:29)라고 말했다.

제임스 몽고메리 보이스(James Montgomery Boice)는 이렇게 말한다.

"그런 기쁨을 알고 있는가? 어떤 사람들은 물질적인 소유가 큰 기쁨을 줄 것이라고 생각하지만, 물질은 아무런 만족도 주지 못한다. 또 어떤 사람들은 세상의 명예와 업적과 쾌락이 기쁨을 줄 것이라고 생각하지만, 그런 것들도 진정한 보람을 느끼게 하지 못한다. 그것들은 기껏해야 잠시 만족을 줄 뿐이다. 예수 그리스도께 '제가 여기 있습니다. 저를 쓰시옵소서'라고 말할 수 있고, 또 그분이 은혜롭게도 우리를 도구로 사용하여 다른 사람들과 구원의 관계를 맺으시는 것을 보게 될 때, 비로소 우리는 참된 기쁨을 느낄 수 있다."[3]

예수님을 섬김으로써 얻게 되는 가장 큰 보상은 무엇일까? 그것은 바로 예수님을 섬기는 기쁨이다. 이 기쁨만이 우리를 충성스럽고도 유익한 그리스도의 종으로 만들 수 있다. 열심히 노력하여 성공하거나 다른 사람들이 우리를 칭찬하고 인정할 때가 아니라, 오직 예수님을 향한 사랑과 그분의 위대하심을 의식하면서 그분을 섬기는 특권을 누릴 때, 우

---

[3] James Montgomery Boice, *The Gospel of John*(Grand Rapids: Baker, 1999), 1:257.

리는 비로소 참된 기쁨을 누릴 수 있다.

세례 요한은 이런 기쁨으로 충만했다. 그래서 그는 위대한 주님이신 예수 그리스도를 위해서라면 다른 일은 물론, 더러운 신발 끈을 푸는 일까지도 기꺼이 감당할 수 있었다. 그는 하나님께서 자기를 사용해 다른 사람들을 예수님께로 인도하시자 더할 나위 없이 기뻤다. 우리도 사람들을 그리스도께로 인도할 때 그런 기쁨을 느껴야 마땅하다. 우리 자신의 영광을 구하기 위해서 잃어버린 사람들에게 구원의 복음을 전하고 신자들을 격려하는 것이 아니다. 우리가 그런 일을 하는 이유는, 고대 이스라엘 사회에서 신랑의 친구가 신부를 신랑에게로 인도했던 이유와 조금도 다르지 않다. 우리는 신랑과 신부를 사랑하는 마음으로, 곧 주님을 섬기는 기쁨으로 모든 일을 감당해야 한다.

겸손한 결의

마지막으로, 레온 모리스(Leon Morris)가 "유한한 인간의 입에서 나온 가장 위대한 말"이라고 표현한 것에 대해 생각해 보기로 하자.[4] 세례 요한은 그리스도를 섬기는 데 필요한 세 번째 요소를 제시한다. 그는 예수님과 경쟁하거나 그분을 시기하지 않았을 뿐만 아니라 한 걸음 더 나아가 "그는 흥하여야 하겠고 나는 쇠하여야 하리라"(요 3:30)라고 고백했다. 요한은 사람들 사이에서 예수님의 위상이 높아진 것을 기꺼

---

4) Leon Morris, *The Gospel According to John*(Revised), New International Commentary on the New Testament(Grand Rapids: Eerdmans, 1995), 118.

이 받아들였을 뿐 아니라, 그런 과정이 더욱 속히 이루어지기를 바랐다. 그는 그리스도의 사역을 위해 자신의 사역을 기꺼이 양보하기로 결심했다. 이와 같이 하나님의 유용한 도구가 되어 이 세상에서 선한 일을 하고자 하는 신자들은 자신을 낮춰 사람들로 하여금 그리스도를 높이고 믿고 따르게 하겠다고 결심해야 한다.

이런 겸손은 저절로 생겨나지 않는다. 요한이 보여 준 태도를 본받기란 쉽지 않다. 우리는 본성적으로 항상 우리 자신을 높이려는 성향을 가지고 있다. 자기를 높이려는 태도가 모든 죄의 근원이다. 뱀은 "너희 눈이 밝아져 하나님과 같이 되리라"(창 3:5 참고)라는 거짓말로 하와를 유혹했다. 죄는 우리를 뱀, 곧 항상 하나님께 반역하려는 욕망을 품고 있는 사탄처럼 만든다.

반면 세례 요한은 "나는 쇠하여야 하리라"라고 말함으로써 지극한 경건의 본을 보여 주었다. 겸손해진다는 것은 곧 그리스도처럼 된다는 것이다. 그리스도는 참된 겸손을 보여 주셨다. 아더 핑크(Arthur W. Pink)는 이렇게 말한다.

"겸손은 직접적인 노력의 산물이 아니라 일종의 부산물이다. 겸손해지려고 노력할수록 오히려 겸손에서 더욱 멀어질 뿐이다. 그러나 '마음이 온유하고 겸손하신' 주님에게 온전히 몰두하면, 즉 하나님의 말씀이라는 거울을 통해 그분의 영광을 항상 바라보면, '그와 같은 형상으로 변화하여 영광에서 영광에 이르니 곧 주의 영으로 말미암음이니라'(고후 3:18)라는 말씀대로 주님의 형상을 닮게 될 것이다."5)

참된 겸손은 의무감 때문에 어쩔 수 없이 뒤집어쓰는 감상적인 위선의 탈과는 거리가 멀다. 참된 겸손은 진정한 위대함에 이르게 만드는 영광스런 은혜이다. 베드로 사도는 "다 서로 겸손으로 허리를 동이라. 하나님은 교만한 자를 대적하시되 겸손한 자들에게는 은혜를 주시느니라"(벧전 5:5)라고 말한다. 또 토저(A. W. Tozer)는 이렇게 설명한다.

"참된 겸손은 건강한 마음에서 비롯된다. 겸손한 사람은 자신에 관한 진실을 있는 그대로 받아들인다. 그는 자신의 타락한 본성에 선한 것이 없다는 것을 믿는다. 그래서 하나님을 떠나서는 자신이 아무것도 아니며, 또 아무것도 가질 수 없고, 아무것도 할 수 없다는 것을 인정한다. 그러나 그렇게 깨닫더라도 그는 실망하지 않는다. 왜냐하면 자신이 그리스도 안에서 중요한 존재라는 사실을 알기 때문이다. 그는 자신을 하나님께서 그분의 눈동자보다 더 사랑하신다는 것을 알고, 자기에게 힘 주시는 그리스도를 통해 모든 것을 할 수 있다는 것을 안다. 다시 말해, 그는 하나님의 뜻 안에서 자기에게 주어진 모든 일을 할 수 있다고 믿는다……그런 믿음은 그 사람의 일부

---

5) Arthur W. Pink, *Exposition of the Gospel of John*(Grand Rapids: Zondervan, 1975), 149.

가 되어 마치 반사 작용처럼 무의식적으로 나타난다……삶의 중심이 자아에게서 떠나 본래 있어야 할 자리, 즉 그리스도에게로 옮겨진다. 그 결과, 전에는 온갖 방해에 시달렸지만, 지금은 온전히 자유롭게 되어 하나님의 뜻대로 자기 세대의 사람들을 섬긴다."[6]

이것이 하나님의 가장 위대한 종들이 하나같이 겸손한 이유이다. 모세는 구약 시대의 위대한 지도자였지만, 성경은 "이 사람 모세는 온유함이 지면의 모든 사람보다 더하더라"(민 12:3)라고 말한다. '하나님의 마음에 맞는 사람'이었던 다윗도 겸손한 종이었다(삼상 13:14 참고). 예수님께서 유한한 인간 가운데 가장 위대한 사람이라고 말씀하신 세례요한은 "그는 흥하여야 하겠고 나는 쇠하여야 하리라"(요 3:30)라고 말했다. 물론 예수 그리스도의 겸손하심은 아무도 따라갈 수 없다. 그분은 "수고하고 무거운 짐 진 자들아, 다 내게로 오라. 내가 너희를 쉬게 하리라. 나는 마음이 온유하고 겸손하니 나의 멍에를 메고 내게 배우라. 그리하면 너희 마음이 쉼을 얻으리니"(마 11:28,29)라고 말씀하신다.

"보소서, 저는 주님의 종입니다"

나는 브라이언 디건에 관한 이야기로 이 책을 시작했다. 앞서 말한

---

6) A. W. Tozer, *God Tells the Man Who Cares*, ed. Anita Bailey(Camp Hill, Pa.: Christian Publications, 1970), 138-140.

대로, 그는 오토바이라는 극한의 스포츠를 즐기면서 살다가 회심하고 기독교인이 되었다. 나는 이발소에 갔다가 스포츠 잡지에서 그에 관한 기사를 읽었다. 시작 부분에서는 내가 본받고 싶은 남성의 표상을 제시했다면, 이제 이 책의 마지막 부분에서는 그리스도의 충실한 종이 되도록 나를 독려하는 한 젊은 여성을 소개하고 싶다.

그 젊은 여성은 바로 예수님의 어머니인 마리아이다. 십 대 소녀였던 마리아가 사는 사회는 종교적으로나 도덕적으로 매우 보수적인 사회였다. 그녀는 한 남자와 약혼했고, 사람들은 모두 그녀가 처녀임을 의심하지 않았다. 그런데 천사가 그녀를 방문했다. 천사는 그녀에게 "성령이 네게 임하시고 지극히 높으신 이의 능력이 너를 덮으시리니 이러므로 나실 바 거룩한 이는 하나님의 아들이라 일컬어지리라……대저 하나님의 모든 말씀은 능하지 못하심이 없느니라"(눅 1:35,37)라고 말했다. 언뜻 생각하면, 참으로 당황스럽고 믿기 어려운 말이 아닐 수 없었다. 그 말은 마리아가 결혼 전에 아이를 임신하게 될 것이라는 의미였기 때문에 당황스러웠다. 더욱이 천사가 나타나 전한 메시지의 내용은 더욱 믿기 어려웠다. 천사는 그런 황당한 임신을 통해 이스라엘이 그토록 오랫동안 기다려 온 구세주가 탄생할 것이라고 말하고 있었다.

천사에게서 그런 놀라운 말을 전해 들은 마리아(믿음 안에서 우리의 자매가 된 젊은 여성)는 울면서 불평하거나 도저히 그렇게 할 수 없다고 거절하면서 도망칠 수도 있었다. 그러나 그녀는 공손히 머리를 조아리고 "주의 여종이오니 말씀대로 내게 이루어지이다"(눅 1:38)라고 말했다.

십 대 소녀였던 마리아가 성령의 내주하심을 통해 하나님의 충실한 종이 되라는 부르심에 기꺼이 복종할 수 있었다면, 기독교인 남성인 우리도 얼마든지 그렇게 할 수 있다. 하나님은 우리의 성품과 사역을 통해 세상에서 하나님의 형상이 드러나기를 원하신다. 우리도 "주님, 저는 주님의 종입니다"라고 말할 수 있다.

하나님은 아담을 에덴동산에 두셨다. 하나님은 오늘날에도 주권적인 뜻에 따라 우리와 언약 관계를 맺으시고, 우리를 구체적인 삶의 현장으로 부르신다. 하나님은 우리에게 "일하고 지키라"라는 소명을 주셨다. 그러므로 우리는 하나님의 명령에 기꺼이 복종함으로써 우리에게 맡겨진 사람들을 굳게 세우고, 양육하고, 가꾸고, 보호하고, 안전하게 지켜야 한다. 이 소명은 쉽게 이해되는 간단한 소명이지만, 실제로 실천하기는 그다지 쉽지 않다.

하나님은 우리가 아내를 사랑하고, 자녀를 제자화하고 징계하며, 진실한 우정을 나누고, 하나님 나라의 일을 위해 열심히 헌신하기를 원하신다. 우리는 우리에게 주어진 위대한 소명에 대해 "주님, 보소서. 저는 주님의 종입니다. 주님의 은혜로 저를 도우사 주님의 부르심에 충실하게 하소서"라고 대답해야 한다.

하나님은 우리 시대에 많은 남성을 일으켜 세우신다. 우리는 주권자이신 하나님 앞에 무릎을 꿇고 그분의 은혜를 구하며, "주님, 주님으로부터 소명과 은사를 받았습니다. 주님같이 위대하신 분을 섬기는 것은 저의 큰 기쁨입니다. 보소서. 저는 주님의 종입니다"라고 말해야 한다.

주님을 의지하는 믿음으로 우리의 삶 속에서 그 소명을 이룬다면, 구원자이신 하나님께서 원하시는 복음의 사람으로 거듭나 사람들을 인도하고 섬기는 일을 하는 데 필요한 은혜를 풍성하게 받게 될 것이다. 우리는 마지막 날에 하늘에서 성도들의 이름이 불릴 때, 주님으로부터 이런 칭찬을 듣게 되기를 바라야 한다.

"잘하였도다 착하고 충성된 종아……네 주인의 즐거움에 참여할지어다" (마 25:21).

기독교인 남성은 이 말씀을 다른 무엇보다도 소중히 여겨야 한다.

묵상과 나눔을 위한 질문

1. 주 예수 그리스도의 재림에 대해 종종 생각하는가? 그렇지 않다면, 미래의 어떤 일이 현재를 바라보는 당신의 관점에 영향을 미치는가? 그리스도의 재림이 현재의 모든 것을 결정하는 위대한 사건인 이유는 무엇인가?

2. 자신을 예수님의 제자로 생각하는가? 만일 그렇지 않다면, 그 이유는 무엇인가? 그리스도의 종이라는 주제를 다룬 13장의 내용이 도움이 되었는가? 성령은 지금 그리스도를 대신해 신자들에게서 어떻게 역사하고 계시는가?

3. 13장은 주님의 충실한 종이 되기 위해 어떤 원리를 따라야 한다고 말하는가? 다른 기독교인들을 시기하는 마음 때문에 고민한 적이 있는가? 그런 태도가 잘못일 뿐만 아니라 많은 해를 초래하는 이유는 무엇인가? 시기심을 극복하고 기독교인 남성으로서 경건한 야망을 지니려면 어떻게 해야 하는가?

4. 저자는 그리스도를 섬기는 삶이 주는 가장 큰 보상이 그분을 섬기는 기쁨이라고 말한다. 그런 기쁨을 경험해 본 적이 있는가? 다른 보상 때문에 예수님을 섬긴다면, 어떤 결과가 나타나겠는가? 극도로 어려운 상황에서조차 예수 그리스도를 섬기는 일이 큰 기쁨을 주는 이유는 무엇인가?

5. 어떻게 해야 겸손해질 수 있을까? 겸손은 주님을 섬기는 삶에 어떤 변화를 가져오는가? 저자는 모세와 다윗과 세례 요한을 겸손의 본보기로 제시한다. 그들은 각각 어떤 식으로 겸손을 드러냈는가? "나는 마음이 온유하고 겸손하니"(마 11:29)라는 주님의 말씀을 어떻게 생각하는가? 온유하고 겸손한 것이 남성다운 것인가? 당신은 어떻게 생각하는가?

6. 예수님은 충실한 종들에게 "잘했다"라고 칭찬하시리라고 약속하셨다. 그런 약속이 당신에게는 어떤 의미로 다가오는가? 예수님이 재림하실 때 그런 칭찬을 들으려면 어떻게 살아야 할지 기도하면서 생각해 보라.

"여호와 하나님이 그 사람을 이끌어 에덴동산에 두어

그것을 경작하며 지키게 하시고"

_ 창세기 2장 15절

21세기 리폼드 시리즈는 종교개혁의 신앙을 그대로 이어받아 현대 사조에 굴하지 않고 복음을 수호하고 있는 이 시대 거장들의 탁월한 저작을 소개한다. 칼빈과 청교도들, 조나단 에드워즈와 스펄전과 같이 당대의 수많은 영적 거성들이 남긴 신앙의 자양분을 섭취하며 자라난 이 시대의 거목들의 저작은 우리에게 시대를 분별하며 쉴 수 있는 지혜의 숲으로 이끌 것이다.

옮긴이 **조계광 목사**는 자유번역가로 활동 중이며, 총신대와 신대원을 졸업하고 영국 서리대학 석사를 거쳐 런던대학 박사 과정을 수료했다. 20여 년간 150여 권의 신앙서적을 번역했다. 역서로는 『그리스도인의 경제 윤리』, 『오직 은혜로』, 『오직 성경으로』, 『하나님의 약속을 따르는 자녀 양육』, 『청년에게 전하는 글』, 『예기치 못한 여행』, 『그리스도인이 누리는 보배로운 선물』, 『영혼 인도자를 위한 글』 (이상 지평서원), 제임스 패커의 『하나님의 인도』, 『오스 기니스, 고통 앞에 서다』 와 '규장 퓨리탄 북스 시리즈' 등이 있다.

21세기 리폼드 시리즈 9
남자의 소명

지은이 | 리처드 필립스
옮긴이 | 조계광
펴낸곳 | 지평서원
펴낸이 | 박명규

편 집 | 정 은, 이윤경
마케팅 | 김정태

펴낸날 | 2013년 6월 13일 초판
        2017년 4월 12일 초판 2쇄

서울 강남구 선릉로107길 15 (역삼동) 지평빌딩 06144
☎ 538-9640,1 Fax. 538-9642
등 록 | 1978. 3. 22. 제 1-129

값 10,000원
ISBN 978-89-6497-036-2-94230
ISBN 978-89-6497-013-3(세트)

메일주소 jipyung@jpbook.kr
홈페이지 www.jpbook.kr
페이스북 www.facebook.com/jipyung
트 위 터 @_jipyung